STATA를 활용한 사회과학 자료분석

이창한·이완희·황성현·이강훈·김상원

pnc publishing and culture
피앤씨미디어

머리말

이 책은 통계분석 소프트웨어 중 하나인 Stata를 활용하여 사회과학 자료를 분석하는 입문서이다. 그동안 통계학, 계량경제학, 사회학 등의 분야에서 많은 통계분석 교재가 출간되었다. 저자들은 사회학, 경찰학, 범죄학을 전공하는 학부생과 대학원생들에게 자료분석 방법을 강의하면서 다양한 교재들을 활용하였다. 그러나 학생들의 입장에서는 대부분의 교재들이 자료를 분석하여 학술적인 논문을 체계적으로 작성하는 데 있어 친절한 교재가 부족하다는 점을 알게 되었다.

이 책은 최근 경제학 전공자뿐만 아니라 심리학, 의학, 사회학 등의 폭넓은 분야에서 이용자가 급증하고 있는 Stata의 이용방법과 분석방법을 상세히 소개하였다. Stata의 특징은 자료의 구축부터 분석, 결과표의 제시까지 일련의 분석과정이 매우 편리하다는 점이다. 이 책은 Stata 프로그램에 익숙하지 않은 독자들을 위해 명령어 위주의 분석과정과 함께 윈도우상의 화면에서 클릭을 통한 분석과정도 함께 자세히 소개하였다. 따라서 Stata 명령어를 잘 모른다 하더라도 학술적인 논문을 작성하는 데 큰 어려움이 없도록 기술되었다.

이 책은 기존 자료분석 교재들과 다른 특징들이 있다. 먼저 이 책은 기존 교재들에서 소홀히 다루고 있는 자료의 예비분석이 하나의 장으로 분리되어 기술되었다. 통계분석에서 기본가정은 매우 중요한 부분임에도 불구하고 대부분 통계분석을 실행할 경우 기본가정을 무시하는 경우가 많다. 통계기법마다 다양하고 서로 다른 가정을 요구하지만 다변량분석을 적용할 경우 분석 전 공통적으로 고려해야 할 부분이 있다. 이 책에서는 이 부분을 예비분석으로 분리하여 설명하였다.

이 책의 또 다른 특징은 독자들이 간과하기 쉬운 통계분석별 기본가정을 확인하도록 유도하고 있다는 점이다. 통계분석방법이 요구하는 기본가정이 충족되지 않았음에도 분석을 진행하는 실수를 사전에 차단하고자 하였다. 또한 학술논문 작성과정에 따라 가설의 설정, 모델의 평가, 분석결과의 해석 등의 순서대로 사례를 통해 기술되었다. 독자는 이 책의 기술된 순서대로 분석과정을 따른다면 원하는 분석결과를 얻을 수 있을 것이다.

끝으로, 이 책의 기획부터 최종 작업까지 대표저자와 고민을 같이 해 준 공동저자 선생님들께 머리 숙여 감사의 마음을 전하고 싶다. 특히 자료의 정리부터 오탈자 확인까지 수고스러운 일들을 불평 없이 묵묵히 따라준 동국대학교 경찰행정학과 석사과정의 이승현 군에게 고마움을 표한다. 마지막으로 원고작업이 지연되었음에도 인내심을 가지고 기다려 주신 피앤씨미디어 박노일 사장님과 편집에 도움을 주신 심성보 이사님의 노고에 진심으로 감사드린다.

2014년 8월

대표저자 이창한

차 례

CHAPTER 1 Stata 기초

CHAPTER 2 조사방법론

Contents

Contents

Contents

Contents

Financial management

CHAPTER 01

Stata 기초

CHAPTER 01 Stata 기초

1절 Stata 소개

1 Stata 장점

Stata란 통계분석용 소프트웨어로 경제학, 경영학, 사회학, 생물통계학 등 다양한 분야에서 사용이 확대되고 있다. 1985년 Stata version 1이 발매된 후 2013년 현재 version 13까지 개발되었다. Stata의 장점은 크게 세 가지가 있다.

첫째, 자료의 구축부터 분석결과의 정리까지 일관되게 작업할 수 있다. 이전 자료의 구축은 Excel과 Access를 활용한 후, 분석은 전용 소프트웨어로, 도표는 다시 Excel로 돌아가 작업하는 복잡한 과정을 거쳐야 했다. 그러나 Stata는 자료의 가공은 물론 두 개의 자료를 하나로 합치는 기능도 우수하다. 또한 많은 분석결과를 하나의 도표로 정리하는 기능도 가능하기 때문에 Stata에 익숙해지면, Excel보다 더 효율적으로 자료를 구축할 수 있다.

둘째, 최신의 분석방법도 인터넷에서 프로그램(모듈)을 다운받아 활용할 수 있다. Stata는 인터넷에 배포되고 있는 각종 패키지(모듈)을 다운받아 최신의 분석방법과 새로운 분석도구를 활용할 수 있다. Stata는 2년 주기로 version이 높아지지만, 인터넷의

프로그램을 다운받아 활용할 수 있기 때문에 신 version을 구입하지 않더라도 신기능을 활용할 수 있다.

셋째, 기능이 풍부하고 매뉴얼이 충실하다. Stata의 기능은 매우 풍부하기 때문에 초급 연구자뿐만 아니라 고급 연구자로부터 지지를 받고 있다. 연구분야도 경제학, 경영학, 사회학, 정치학 등 사회과학분야에서 심리학, 생물통계학 및 의료통계학에까지 폭넓게 활용되고 있다. Stata에 부가되어 있는 공식 매뉴얼은 전부 17권으로 구성되어 있으며 각각의 사례와 함께 각종 분석기법을 소개하고 있다.

이와 같이 많은 장점을 가진 Stata이지만, 본격적으로 Stata를 이용하고자 하는 독자에게 어려운 점도 있다. 우선 Stata 매뉴얼은 현재 영어판만 있다. 따라서 알고 싶은 내용이 어디에 기술되어 있는지를 찾는 일도 사실 힘들 수 있다.

2 Stata 구입과 설치

Stata 구입

Stata는 미국의 Stata corporation이 개발하고 판매한다. Stata의 구입은 신용카드가 있다면, Stata Corporation의 홈페이지에서 간단하게 구입할 수 있다. 일주일 내로 DVD와 라이선스 번호를 보내준다. 홈페이지의 설명이 모두 영어로 되어 있기 때문에 어려움이 있는 사람과 공금으로 결재하기 위해 소정의 양식의 견적서와 납품서가 필요한 사람은 한국 내에 대리점도 있기 때문에 대리점을 이용하는 방법도 있다.

참고 ● Stata 종류

Stata를 구입하려고 한다면, Stata의 종류를 결정해야 한다. Stata 유형에 따라 가격이 다르다. Stata는 Small Stata, Stata IC, Stata SE, Stata MP 등 4종류가 있다. Stata 종류별로 자료 용량과 처리속도가 다르기 때문에 구입에 신중을 기해야 한다. Stata 버전 중 Small Stata를 제외한 다른 Stata 버전은 PC에 탑재되어 있는 CPU의 용량에 따라 관측치의 수가 달라진다. 다룰 수 있는 자료의 수는 무제한이라고 알려져 있지만, 실제로는 PC에 탑재되어 있는 메모리의 제약을 받으며, 기본적으로 PC에 탑재되어 있는 메모리의 최대 용량까지라고 생각하면 된다.

[표 1-1] Stata 종류별 특징

구 분	변수 수	관측치 수	문자변수 관측치 수
Small Stata	99	1,200	80글자(한글 40글자)
Stata IC	2,047	메모리 허용범위	80글자(한글 40글자)
Stata SE	32,766	메모리 허용범위	244글자(한글 122글자)
Stata MP	32,766	메모리 허용범위	244글자(한글 122글자)

Stata 설치

Stata의 설치하기 위해 먼저 DVD를 PC의 DVD 드라이버에 삽입한다. DVD를 실행하면, 윈도우 화면에 그림이 나타난다.

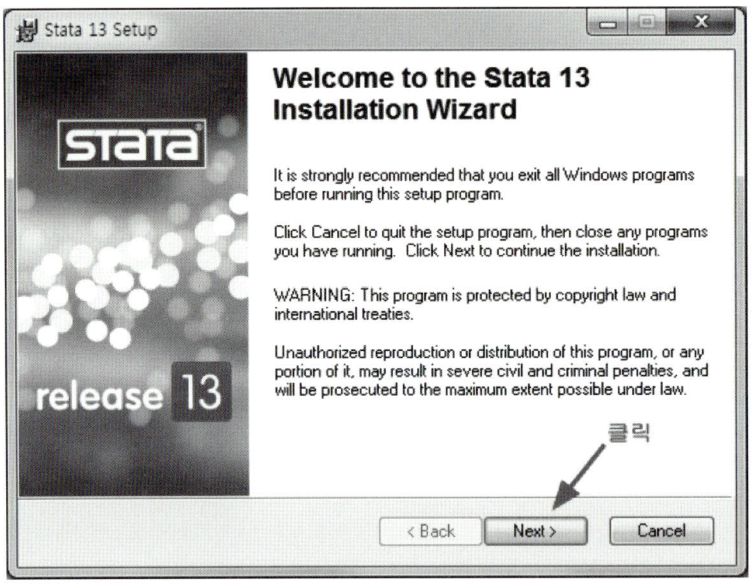

다음은 지시사항에 따른다. 설치 도중에 Stata의 종류(IC, SE, MP)를 묻기 때문에 구입한 종류를 선택해야 한다. 또한 작업 폴더의 작성에 대해서도 질문하지만 특별히 선호하는 폴더가 없으면 그대로 진행해도 된다. 통상 Stata는 작업폴더가 C:/data이지만, 연구자가 작업폴더를 지정할 수 있다.

설치를 완료하면 처음에 초기화한다. 윈도우를 다시 시작하면 프로그램 목록 중 Stata 13을 선택한다. 첫 실행 때만 초기화 화면이 나타난다. 이 화면에는 연구자명, 소속, Stata 구입 시에 첨부되어 있는 비밀번호(serial number), 코드(code), 인증번호(authorization) 등을 입력한다. 이후 지시사항에 따르면 초기화까지 끝나게 된다.

참고 ● 업데이트

Stata의 장점 중 하나는 인터넷을 통해 실시간으로 새로운 기능을 다운로드 받아 활용할 수 있고 StataCorp가 오류를 수정한 파일을 정기적으로 무료배포를 하기 때문에, 프로그램을 설치하기 전뿐만 아니라 정기적으로 업데이트 하는 것이 좋다.

업데이트 방법 1 : Help/Check for updates

업데이트 방법 2 : Command 창에 update all

업데이트 방법 3 : Edit/Preference]General preferences]Internet]Enable automatic update checking

2절 Stata 시작하기

1 Stata 실행과 종료

실 행

Stata 프로그램의 설치와 초기화가 끝나면 Stata를 실행할 수 있다. 윈도우 시작 버튼을 눌러 Stata 13 폴더에서 Stata 13을 클릭하면 실행할 수 있다.

종 료

Stata 프로그램을 종료하는 방법은 여러 가지가 있다. 가장 간단한 방법으로 명령어 exit을 입력하는 방법이다. 그 이외에도 메뉴에서 exit을 클릭하는 방법과 윈도우창을 닫는 방법 등이 있다. 연구자는 Stata를 종료하기 전에 반드시 자료를 저장하는 것을 잊지 말아야 한다.

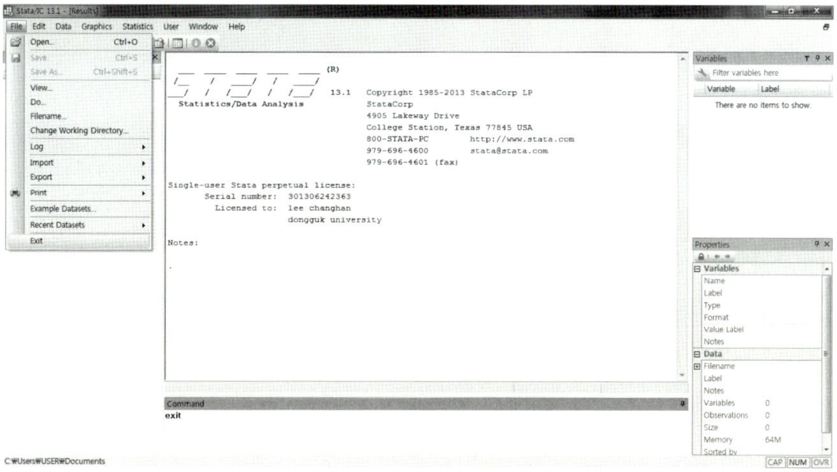

2 Stata 화면구성

Stata를 실행하면 아래와 같은 화면이 나타난다.

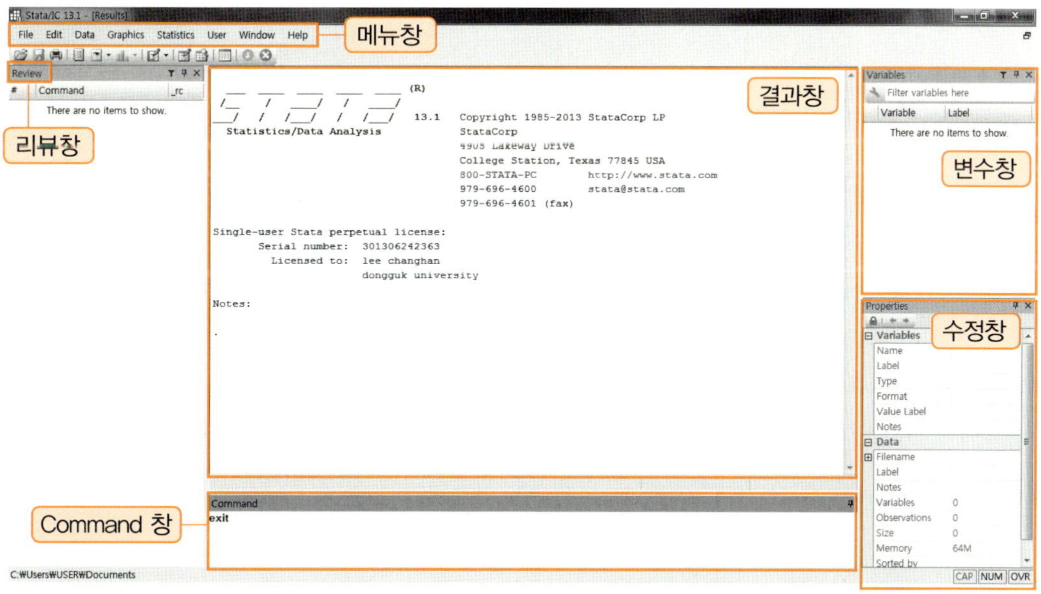

- 메뉴: 윈도우 창에서 사용할 수 있는 대부분의 기능들이 나열되어 있음

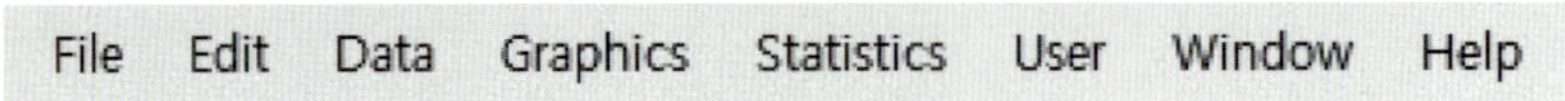

- 도구모음 : 작업에 필요한 중요 메뉴의 기능이 등록된 도구 단추들이 모여 있음

- 결과(Results) 창: 작업한 결과들을 보여주며 일부 또는 전부를 출력할 수 있음
- 명령어(Command) 창: 명령어를 입력하는 창
- 검토(Review) 창: 최근 수행한 명령어들을 순차적으로 표시되는 창
- 변수(Variables) 창: 메모리에 들어 있어 사용할 수 있는 변수 목록과 변수 이름을 보여주는 창
- 수정(Properties) 창: 변수와 자료의 여러 정보를 보여주는 곳
- 상태표시줄: Stata가 동작하는 각종 작업 상태를 표시하는 곳

실제 자료를 다룰 때는 메뉴에서 처리방법을 지정하거나, Command 창에 명령어를 직접 입력하여 작업을 진행할 수 있다. 처음 Stata를 사용하는 사람은 메뉴에서 분석을 진행하는 것이 간단해 보이지만, 명령어에 익숙해지는 것이 훨씬 효율적이다. 이 책에서는 메뉴에서의 작업과 Command 창에 명령어를 직접 입력해서 작업을 진행하는 방법을 모두 설명한다. 강조하지만, 명령어로 Stata를 조작하는 것이 익숙해지면, 자료의 분석과정이 훨씬 쉽다는 것을 알 수 있을 것이다.

3 작업환경 설정

Stata 프로그램의 설정상태를 먼저 확인해 보자. 아래 그림에서 보면 Memory settings, Output settings, Interface settings, Graphics settings, Efficiency settings, Network settings, Update settings, Trace settings, Mata settings, Others settings 등이 소개된다. 이 중 Memory setting과 Output setting은 반드시 확인해야 한다.

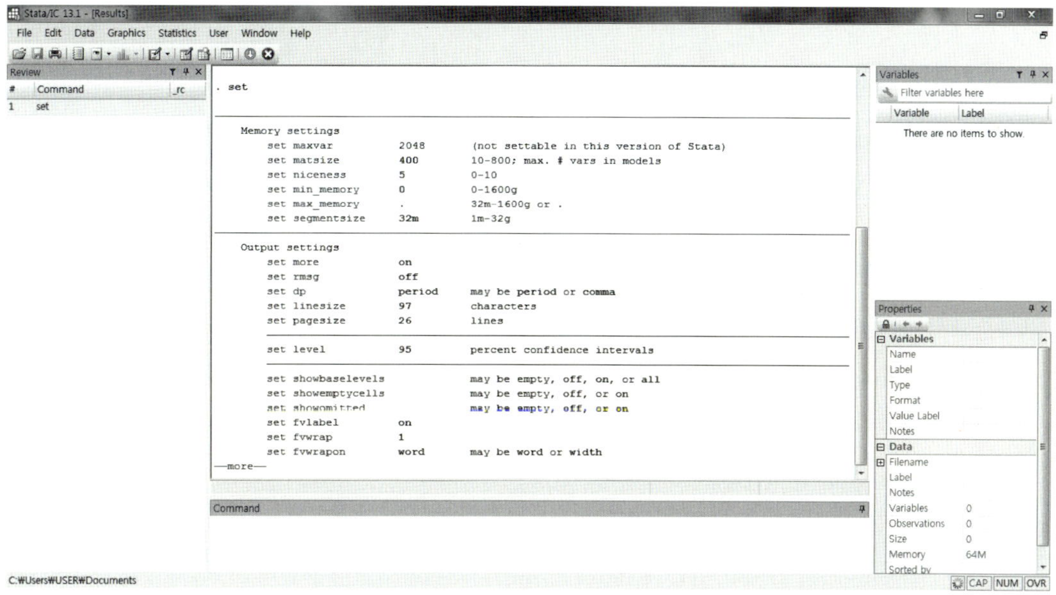

메모리 설정

본서에서 활용하는 Stata 13은 이전 버전과 달리 작업 메모리가 자동으로 설정된다. Stata는 작업 메모리라는 컴퓨터 하드웨어에서 자료를 처리하기 때문에 메모리의 크기에 따라 처리할 수 있는 자료의 크기나 속도가 달라진다. 예를 들어 Stata 13 이전 버전은 기본적으로 1MB(또는 10MB)로 설정되어 있다. 따라서 연구자는 자신이 사용하는 컴퓨터 환경에 따라 적절한 작업 메모리를 설정하는 것이 중요하다.

```
set memory 200m, perm
```

이 명령문은 기본 작업 메모리를 200MB로 재설정하라는 것이며, 옵션인 perm은 permanently의 약어이다. 즉, perm이라는 옵션은 다시 Stata를 시작하더라도 작업 메모리를 200MB라는 설정을 유지하라는 의미를 가지고 있다.

분석결과 보기 설정

Stata의 결과창은 화면이 한정되어 있다. 종종 명령어의 결과가 여러 페이지에 걸쳐서 제시될 경우 분석결과를 어떻게 제시하라는 설정이 필요하다. Stata는 기본적으로 분석결과를 한 페이지에 제시한 후 엔터나 드로그 등을 통해 아래 페이지의 분석결과를 확인할 수 있다. 만약, 분석결과 중 마지막 페이지까지 화면출력을 원하면 set more off, perm으로 재설정하면 된다.

4 작업 디렉터리 설정

Stata는 설치하는 과정에서 만들어진 Stata와 관련된 디렉터리를 많이 있는데, 명령어 sysdir를 통해 확인할 수 있다. 현재 설정된 작업 디렉터리를 확인하는 방법은 명령어 pwd를 입력하면 된다.

File > Change Working Directory...

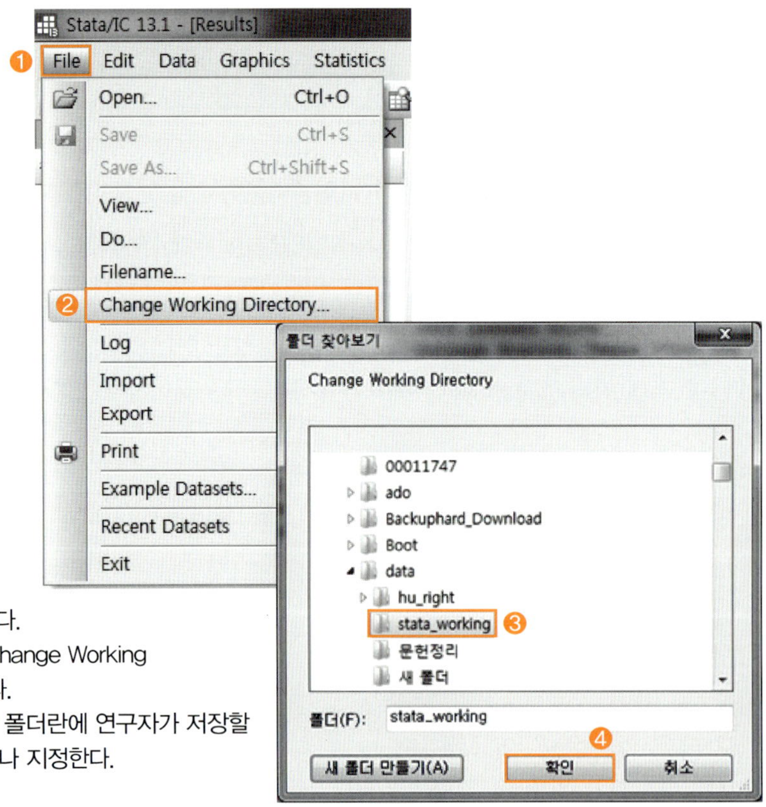

❶ 메뉴 중 File을 클릭한다.
❷ 하단에 창이 열리면 Change Working Directory...를 클릭한다.
❸ 새로운 창이 생성되면 폴더란에 연구자가 저장할 폴더를 새롭게 만들거나 지정한다.
❹ OK를 클릭한다.

Stata는 연구자가 원하는 작업 디렉터리를 간단하게 설정할 수 있다. Stata를 이용하여 작업을 진행하다 보면 원자료뿐만 아니라 do 파일, log 파일, ado 파일, graphic 파일 등을 함께 관리할 필요성을 느끼게 된다. 따라서 연구자는 Stata를 활용할 때 반드시 작업파일을 확인하는 습관을 가지는 것이 좋다.

5 자료 준비

Stata는 확장자가 .dta로 되어 있는 Stata 형식의 파일만 처리할 수 있다. 따라서 Stata 형식의 자료를 확보하는 것이 중요하다. Stata 형식의 자료를 만드는 방법은 직접 입력하는 경우와 다른 형식의 자료를 Stata 형식으로 불러오는 경우가 있다.

자료 입력

Data > Data Editor

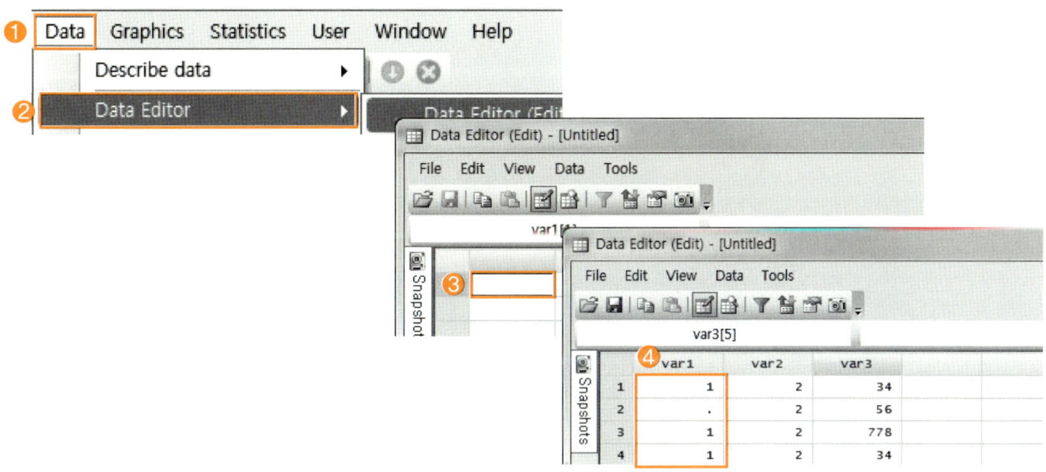

❶ 메뉴 중 Data를 클릭한다.
❷ 하단에 창이 열리면 Data Editor를 클릭한다.
❸ 새로운 창이 열리면 data sheet 첫줄에 변수명을 입력한다.
❹ 둘째 줄부터 data를 입력한다.

Properties > Value Label > ...

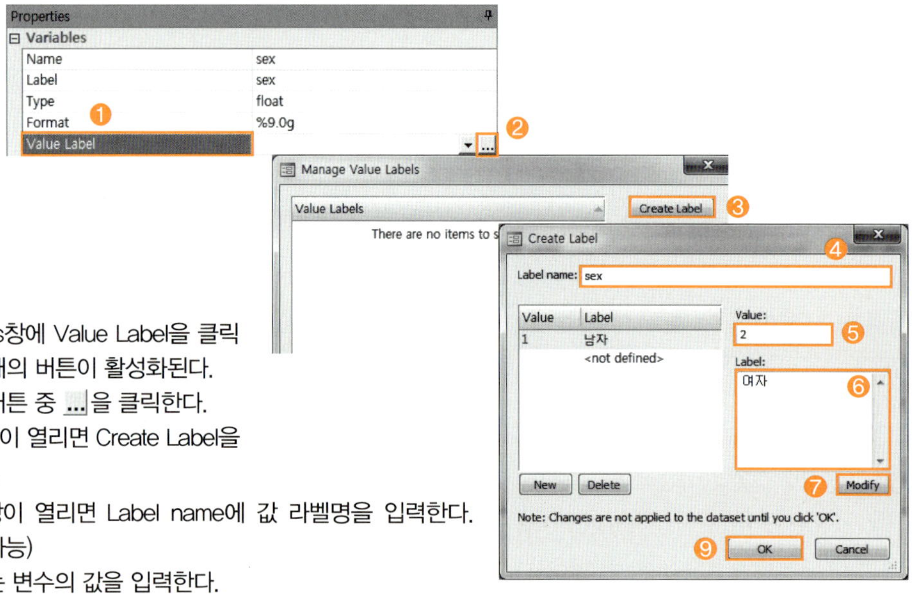

❶ Properties창에 Value Label을 클릭하면 두 개의 버튼이 활성화된다.
❷ 두 개의 버튼 중 ...을 클릭한다.
❸ 새로운 창이 열리면 Create Label을 클릭한다.
❹ 새로운 창이 열리면 Label name에 값 라벨명을 입력한다. (영문만 가능)
❺ Value에는 변수의 값을 입력한다.
❻ Label에는 연구자가 지정한 값 라벨을 입력한다.
❼ Modify를 클릭한다.
❽ 계속해서 값 라벨을 지정하는 경우 new를 클릭한 후 ❺, ❻, ❼을 반복하면 된다.
❾ 모든 값 라벨이 지정된 후 OK를 클릭한다.

변수 라벨 만들기

label variable sex "성별"

값 라벨 만들기

label define sex 1 "male" 2 "female"

자료 불러오기

일반적으로 분석하기 이전 단계에서 자료는 엑셀이나 SPSS 프로그램에서 작업하여 저장하는 경우가 많다. 따라서 여기에서는 다양한 형식의 자료를 Stata로 읽어 들이는 방법을 소개한다.

(1) Excel 파일을 Stata 파일로 바꾸는 방법

File > Import > Excel spreadsheet(*.xls, *.xlsx) > Browse...

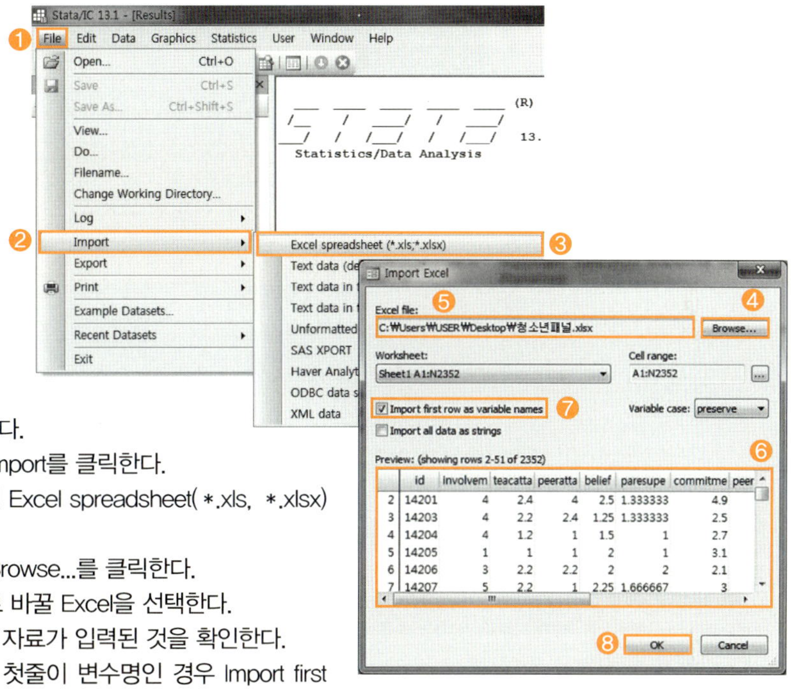

❶ 메뉴 중 File을 클릭한다.
❷ 하단에 창이 열리면 Import를 클릭한다.
❸ 우측으로 창이 열리면 Excel spreadsheet(*.xls, *.xlsx)를 클릭한다.
❹ 새로운 창이 열리면 Browse...를 클릭한다.
❺ 연구자가 stata 파일로 바꿀 Excel을 선택한다.
❻ Preview창에 Excel의 자료가 입력된 것을 확인한다.
❼ 불러올 Excel 파일의 첫줄이 변수명인 경우 Import first row as variable names의 박스를 체크한다.
❽ OK를 클릭한다.

본서에서 주로 사용하는 자료는 한국아동 · 청소년패널 자료이다. 한국아동 · 청소년패널 자료는 기본적으로 Stata 파일이 제공되고 있기 때문에 한국아동 · 청소년 자료 아카이브에서 다운로드 받아 사용하면 된다. 만약, 엑셀 파일이나 SPSS 파일만 가지고 있을 경우에는 Stata 형식으로 전환해야 한다. 아래는 엑셀 파일과 SPSS 파일을 다운로드 받았다는 전제하에서 기술한다.

연구자는 Stata에서 Import 기능을 이용하여 Excel 파일을 쉽게 Stata 형식으로 전환할 수 있다. 이 때 유념해야 할 것은 Import first row as variable names를 클릭해야 한다.

(2) SPSS 파일을 Stata 파일로 바꾸는 방법

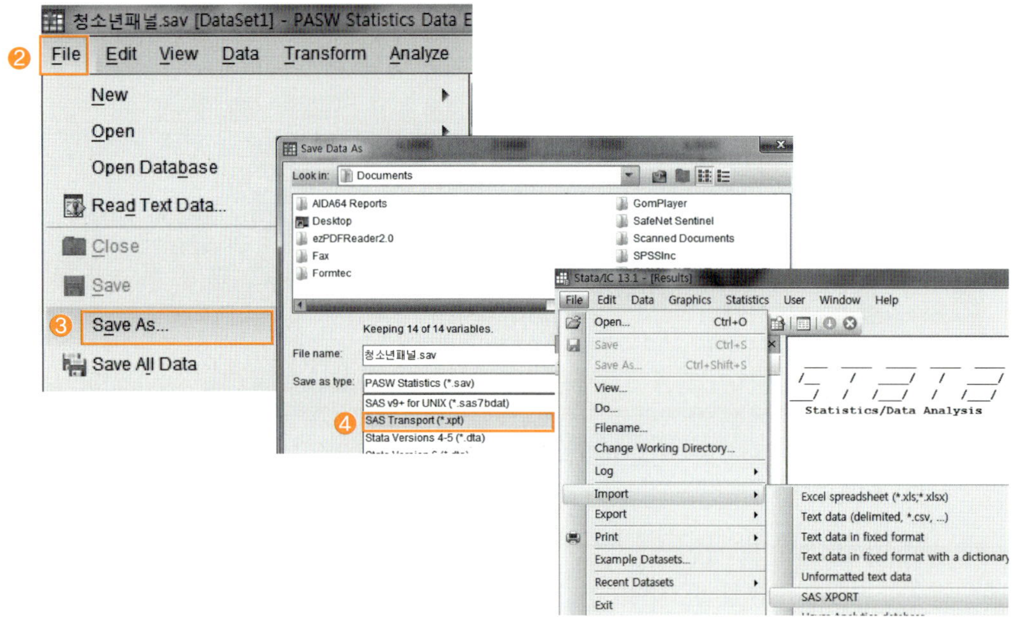

① stata 파일로 변환시킬 spss 파일을 spss를 통하여 불러온다
② spss 메뉴 중 File을 클릭한다.
③ 하단에 창이 열리면 Save as...를 클릭한다.
④ 새로운 창이 열리면 Save as type 창을 클릭한 후 SAS Transport(*.xpt)로 지정한다.
⑤ 저장을 클릭한다.

SPSS 파일을 Stata 파일로 바꾸기 위해서는 복잡한 과정을 거친다. SPSS 파일을 SAS Transport을 통해 *.xpt 파일로 전환한 다음, 다시 Stata의 Import를 통해 *.xpt 파일을 불러들여야 했다. 그러나 Stata 12 버전부터는 SPSS에서 Save As에서 Stata 8 버전으로 전환한 후, Stata에서 직접 파일을 불러올 수 있다.

(3) Stat/Transfer를 활용하는 방법

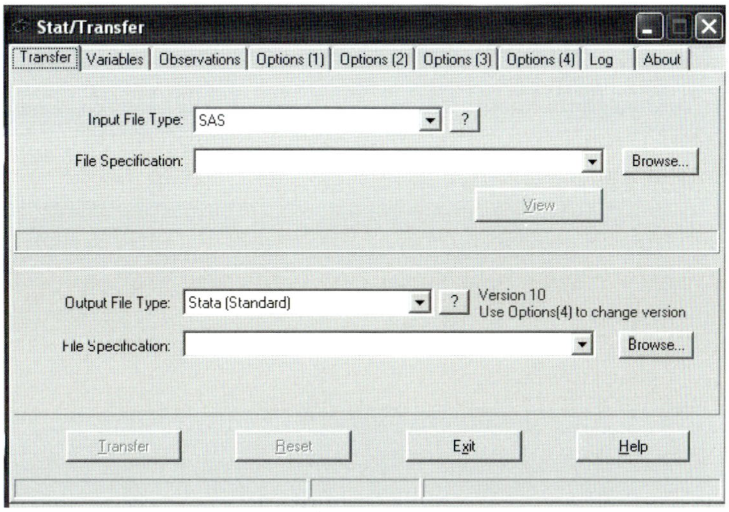

최근에는 다른 형식의 파일을 Stata로 불러들이는 방법이 간단해지고 있지만, 여전히 변수명이나 변수값을 읽지 못하는 경우가 종종 발생한다. 가장 손쉽게 파일의 형식을 전환할 수 있는 것은 Stat/Transfer 프로그램을 구입하는 것이다. 이 프로그램은 Stata, SAS, SPSS, Excel, Text, Access 등 다양한 형식을 서로 바꾸어 주는 데 탁월하다.

참고 ● Stata 파일의 종류

.dta 파일: Stata 파일
.do 파일: 명령문이 순차적으로 정리되어 있는 파일
.ado 파일: 프로그램 파일
.gph 파일: Stata 그래프를 그림으로 저장한 파일

자료 저장

Stata에 자료를 읽었으면 먼저 Stata 형식으로 컴퓨터에 자료를 저장한다. Command 창에 명령어 save를 입력한다. 처음으로 데이터 에디터에서 작업한 것을 Stata 파일로 저장하는 경우는 다음의 그림과 같다.

File > Save as...

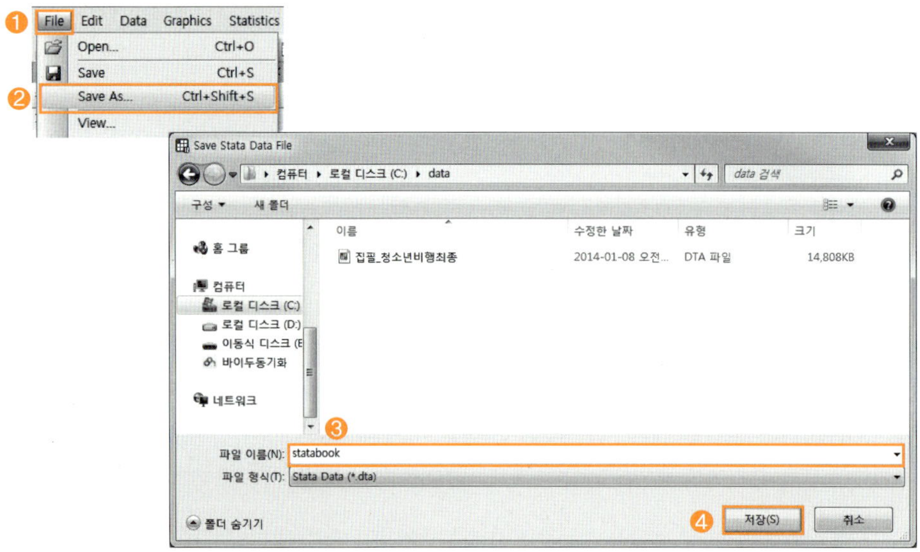

❶ 메뉴 중 File을 클릭한다.
❷ 하단에 창이 열리면 Save as...를 클릭한다.
❸ 새로운 창이 열리면 파일이름을 지정한다
❹ 저장을 클릭한다.

또는 명령어를 통해서도 작업이 가능하다.

```
save C:₩data₩stata_working₩statabook.dta
```

6 분석결과 보존 및 재생

Stata의 결과창은 연구자가 명령어를 포함한 작업한 과정과 분석결과들을 보여준다. 연구자는 분석결과의 일부 또는 전부를 복사하여 한글파일로 저장할 수 있다. Stata는 log 파일을 활용하여 결과창의 모든 내용을 텍스트 파일로 저장하는 기능을 가지고 있다. 또한 do 파일을 이용하여 이전의 작업내용을 다시 결과창에 재현할 수 있다. 따라서 연구자는 Stata를 시작할 때 습관처럼 log 파일 또는 do 파일을 만드는 것이 좋다.

처음에는 어색할 수 있지만, 익숙해지면 가장 손쉽게 이전에 분석한 결과를 보존하고 재생할 수 있다.

log 파일 만들기

Stata 분석결과는 Results 창에 표시되지만, 결과가 길면 한 번에 보는 것이 불가능하다. 따라서 Results 창에 있는 결과를 파일로 저장할 필요가 있다. 이 때 log 파일이 활용된다. 아래의 그림과 같이, 작업을 시작하기 전에 log 파일을 만들어 놓으면 편리하다.

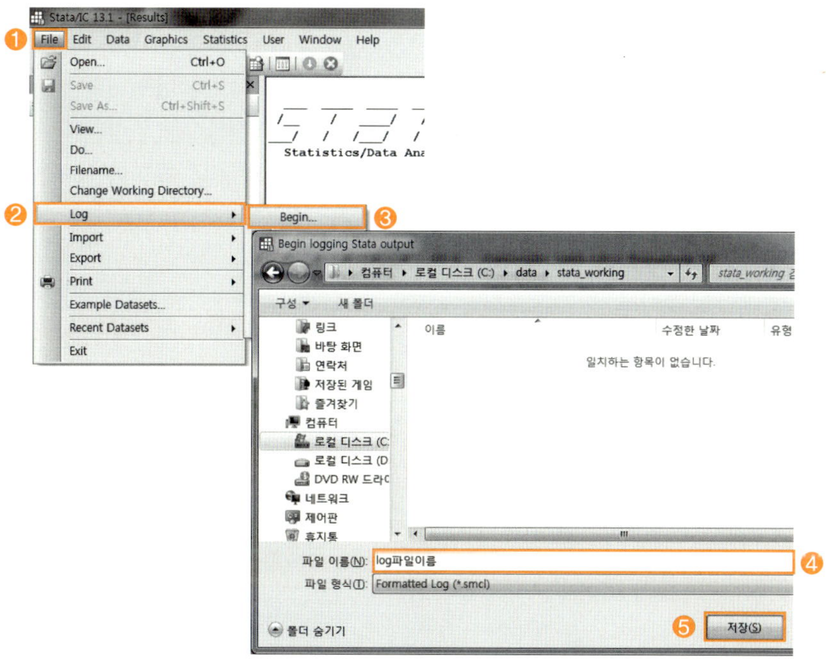

❶ 메뉴 중 File을 클릭한다.
❷ 하단에 창이 열리면 Log를 클릭한다.
❸ 우측에 창이 열리면 Begin...을 클릭한다.
❹ 새로운 창이 열리면 로그파일명을 지정한다.
❺ 저장을 클릭한다.

또는 명령어를 통해서도 작업이 가능하다.

log using "C:₩data₩stata_working₩log파일이름.smcl

옵션에는 replace와 append가 있는데 replace는 덮어쓰기 기능을, append는 추가 기능을 나타낸다. log 파일에 기록하는 것을 종료하고자 할 때는 log close를 입력하면 된다.

do 파일 만들기

Stata는 연구자의 작업내용을 do 파일로 저장해서 작업을 프로그램화할 수 있다. do 파일은 Stata의 명령어를 작업순서대로 작성해 두어, 언제든지 원자료에서 작업의 전과정을 재생할 수 있다. 작업과정을 do 파일로 작성하는 버릇을 들이면, 전체 작업 과정을 수정하는 것도 편리하다.

Tip ● do 파일 작성

- 작업노트로서 활용할 수 있다. 즉 /* */ 또는 *로 시작하고 *로 마치면 작업내용을 정리할 수 있다.
- 작업내용이 1줄 이상일 경우에는 줄 끝에 /// 하면, 다음 줄로 연결된다고 인식한다.
- 명령어를 축약하여 입력하는 것이 편리할 수 있지만, 가능하면 연구자가 명령문을 쉽게 알 수 있을 정도로 길게 적는 것이 좋다.

New do-file editor > File > Save

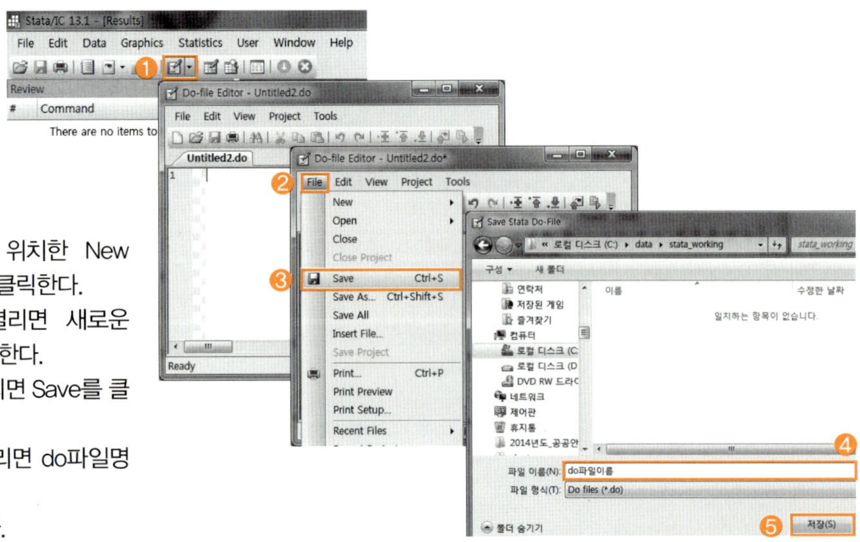

1. 메뉴바 하단에 위치한 New do-file editor를 클릭한다.
2. 새로운 창이 열리면 새로운 창에 File을 클릭한다.
3. 하단에 창이 열리면 Save를 클릭한다.
4. 새로운 창이 열리면 do파일명을 지정한다
5. 저장을 클릭한다.

7 도움말 얻기

공식 매뉴얼

Help > PDF Documentation

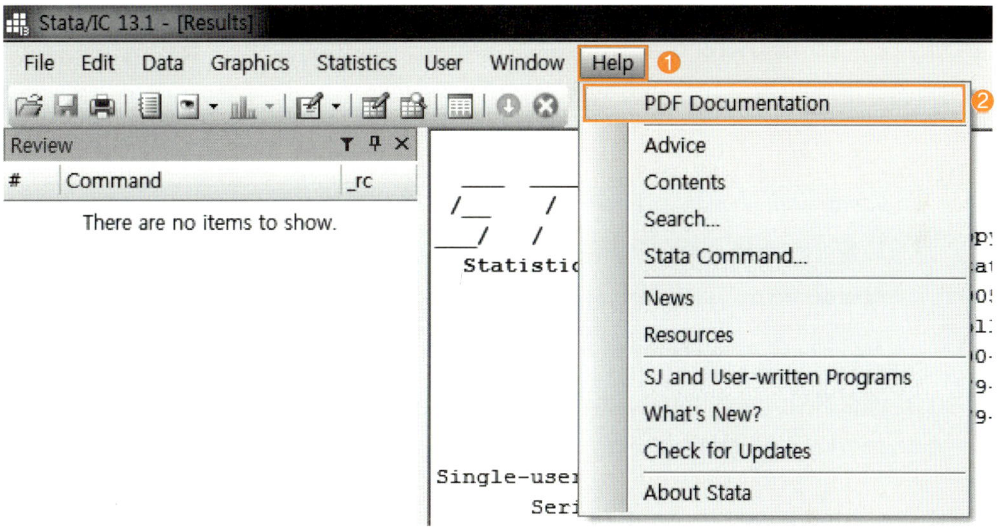

❶ 메뉴 중 Help를 클릭한다.
❷ 하단에 창이 열리면 PDF Documentation을 클릭한다.

Stata는 다른 통계 프로그램과 마찬가지로 매뉴얼을 기본적으로 제공한다. 특히 Stata는 Stata 프로그램 자체에 상세한 매뉴얼을 탑재해 놓고 있다. 처음 Stata를 접하는 연구자는 명령어 위주의 매뉴얼이 낯설 수도 있지만, 차츰 익숙해지면 이보다 더 좋은 설명서를 찾을 수 없다. pdf 파일로 탑재된 매뉴얼을 출력해서 교재처럼 활용해도 좋고, 필요할 때마다 키워드 위주로 검색해도 유용하다. Stata Corp에서 제공하는 매뉴얼은 윈도우용, 유닉스용, 매킨토시용으로 구성되어 있지만, 여기에서는 윈도우용만 활용한다. 아래는 공식 매뉴얼의 분류이다. 표제어를 통해 공식 매뉴얼이 담고 있는 내용을 개략적으로 알 수 있다. Stata 설치, 자료 관리, 그래픽과 같은 기본적인 사용법부터 분석기법 및 프로그래밍까지 이해하기 쉽게 분류하여 상세히 기술하고 있다. 자료, 그래픽, 분석기법 등은 메뉴 하단에 생성된 아이콘을 누르면서 확인하는 것이 가능하다.

온라인 도움말 얻기

Stata는 메뉴에서 Help를 선택하거나 온라인에서 help, search, findit 명령어를 통해 도움말을 얻을 수 있다. Stata는 인터넷을 통해 통계 프로그램에 탑재되어 있지 않는 프로그램을 서로 공유할 수 있다. 이러한 프로그램은 ado 파일의 형식을 가지고 있으며, 인터넷에 연결된 작업환경에 있는 연구자는 무료로 프로그램을 다운로드 받아 활용할 수 있다.

(1) help 명령어

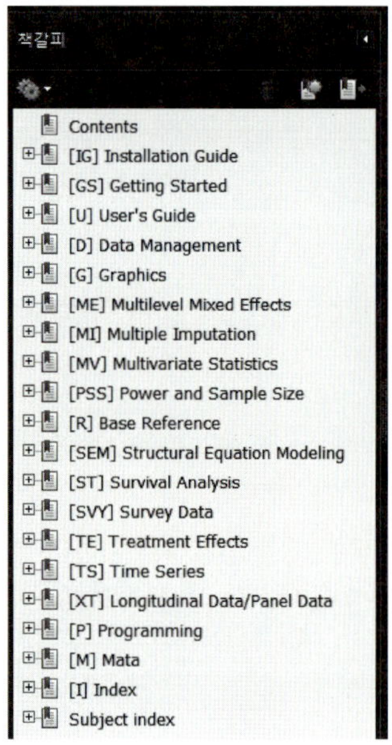

help 명령어는 연구자의 컴퓨터에 저장된 정보를 알려주고, 인터넷에 있는 도움말을 찾아 준다. Command 창에 help 다음에 도움말을 얻기 위한 키워드를 입력하면 뷰어 창이 뜬다. 뷰어 창에는 제목(title), 명령어 구문(syntax), 메뉴(menu), 설명(descriptions), 옵션(options), 예제(examples), 비디오 예제(video examples), 저장방법(stored result), 참고문헌(references) 등이 차례로 기술되어 있다.

(2) search 명령어

search 명령어는 Command 창에 search 다음에 도움말을 얻기 위한 키워드를 입력하면 뷰어 창이 뜬다. 뷰어 창에는 연구자가 궁금해 하는 내용이 상세히 나타난다. 여기에는 연구자의 컴퓨터에 설치된 Stata 명령에 대한 도움말 파일, 자주 묻는 질문과 답, 예제, Stata 저널에 발표된 논문, 프로그램 등이 차례로 기술되어 있다.

(3) findit 명령어

findit 명령어는 연구자가 Stata 명령어를 알고 있을 때 search 기능보다 더 강력하다.

3절 Stata 명령어 구조

1 일반 구조

Stata 연구자는 반드시 Stata 명령어 구조를 이해해야 한다. Stata는 몇몇 예외를 제외하고는 기본적으로 아래와 같은 명령어 구조를 가진다. Stata 명령어 구조에서 명령어는 반드시 입력되어야 하지만, [ ]로 표시된 접두어, 변수목록, 표현식, 한정어(if와 in), 가중값, 옵션 등은 선택적으로 사용할 수 있다. 이 명령어 구조에서, 변수명(varist)는 변수의 이름, 명령어(command)는 Stata 명령어, 한정식(exp)은 대수적 표현, 한정어(if와 in)는 자료의 일부분을 적용하라는 의미를 가진다.

[접두어:] 명령어 [변수목록] [표현식] [if] [in] [가중치] [, 옵션]

접두어

접두어는 명령어 이전에 반복의미로 사용되며 콜론(:)으로 구분한다.

명령어

Stata 명령어는 StataCorp에서 만든 공식 명령어와 연구자들이 만든 명령어가 있다. User Guide에서 나오는 명령어는 공식 명령어이며, 다른 연구자들이 프로그램밍을 통해 새로 생성한 명령어들은 연구자가 찾아서 사용해야 한다.

Tip ● 명령어 작성법

명령어를 생략하여 사용할 수 있음

- generate → gen
- summarize → su, sum
- tabulate → tab

변수목록

변수목록에는 연구자가 분석하기를 위한 필요한 변수들을 입력한다. 만약 명령어 다음에 변수목록이 없으면 모든 변수에 대해 분석한 결과를 보여주게 된다. 변수목록의 순서는 매우 중요하다. 자세한 내용은 아래의 Tip을 읽어보기 바란다.

Tip ● 변수목록 지정방법

- 변수명의 시작은 반드시 알파벳으로 시작
- 변수명은 최대한 간략하게 입력하고, 언더바(_)를 활용하면 편리
- 대문자와 소문자로 구분하여 입력할 수 있지만, 가능하면 소문자로 입력
- 파일명, 변수명 등은 반드시 영어로 입력
- 종속변수를 지정할 때는 반드시 가장 앞자리에 입력
- 그래프의 y축이 반드시 가장 앞자리에 입력
- 교차분석에서 행(row)은 가장 앞자리에 입력

표현식

Stata 명령어 구조에서 표현식은 매우 중요하다. 특히, 변수들 간 논리적 연산자를 명확히 인식하면 다양한 산술적 연산을 표현할 수 있다. Stata에서의 연산기호 활용법은 엑셀과 사용방법이 동일하지만, '논리적으로 같다는 의미의 ==’과 '같다라는 의미의 =’을 구분하여 사용해야 하는 것을 조심해야 한다.

연산기호

기호	의미	기호	의미
==	같은	&	그리고
]	보다 큰	|	또는
]=	같거나 큰	+	더하기
〈	보다 작은	−	빼기
〈=	같거나 작은	*	곱하기
!=	같지 않은	/	나누기

한정어

한정어 in과 if는 명령어를 자료의 일부분에만 한정하여 적용하라는 의미를 가진다. 관찰값의 위치를 한정할 때는 in을 사용한다. 예를 들어, 'in 5/100'은 5번째 위치부터 100번째 위치까지를 한정하라는 의미이고 if는 뒤에 문장식을 통해 자료를 한정한다는 의미이다. 즉 'regress mpg weight if foreign==1'은 foreign 중 '1'에 해당하는 자료에 한정해서 회귀분석을 실시하라는 의미이다.

가중치

Stata는 간단하게 다양한 가중치를 줄 수 있다. 가중치는 특성 관찰값의 중요도가 다른 관찰값에 비해 다를 때 활용할 수 있다. Stata는 빈도 가중치(fweight), 분석 가중치(aweight), 확률 가중치(pweight) 등이 있다.

옵 션

Stata에서 옵션을 어떻게 활용하느냐에 따라 연구자의 Stata 활용능력의 차이가 난다. User Guide에서 확인할 수 있듯이 모든 명령어에는 옵션이 존재한다. 예를 들어, 'summarize age, detail'에서 옵션인 detail은 자료의 요약에서 추가적인 정보를 제시하라는 의미이다.

Tip ● **옵션 작성**

- 옵션 앞에는 반드시 콤마(,)를 넣어야 함
- 옵션은 순서에 상관없이 여러 개를 사용할 수 있음

2 명령어

변수관련 명령어

(1) 문자변수를 숫자변수로 만들기

Stata의 변수 유형은 숫자변수와 문자변수가 있다. 연구자는 Excel이나 SPSS에서 자료를 가져오는 경우 종종 문자변수를 포함할 때가 있다. Stata의 일부 분석에서 문자변수를 활용하지 못하는 경우가 있기 때문에 가능하면 문자변수를 숫자변수로 바꾸어 주는 작업이 필요하다. 이 때 필요한 명령어가 encode이다.

Data > Create or change data > Encode value labels from string variable

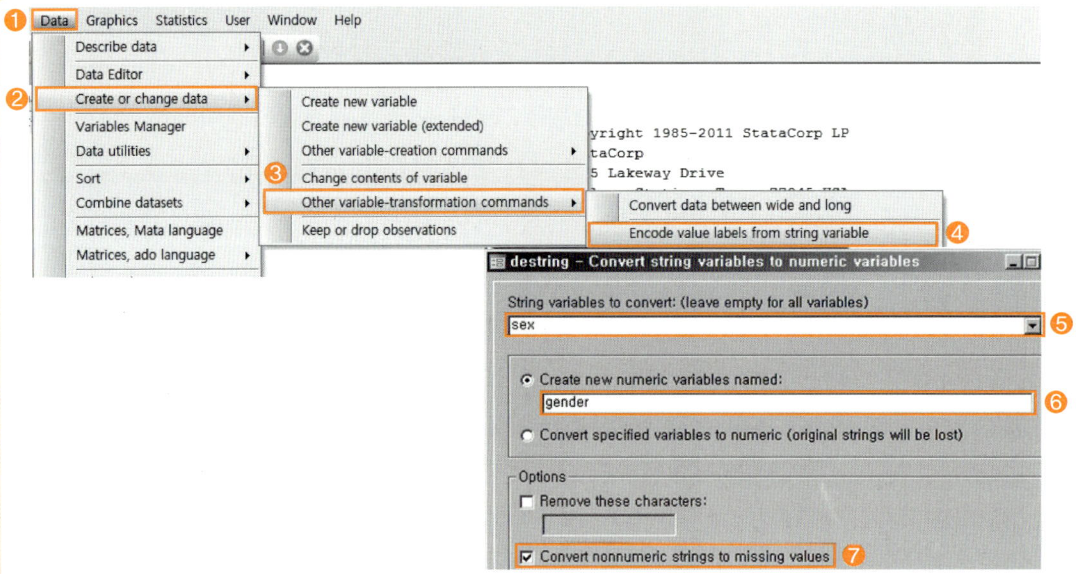

❶ 메뉴 중 Data를 클릭한다.
❷ 하단에 창이 열리면 Create or change data를 클릭한다.
❸ 우측으로 창이 열리면 Other variable-transfomation commands를 클릭한다.
❹ 우측으로 창이 열리면 Encode value labels from string variable을 클릭한다.
❺ 새로운 창이 열리면 String variables to convert 밑에 창에 하단 화살표를 클릭, 숫자변수로 변환할 문자변수를 지정한다.
❻ Create new numeric variable named에 새로운 변수명을 입력한다.
❼ Convert nonnumeric string to missing values의 박스를 체크한다.
❽ OK를 클릭한다.

encode sex, gen(gender)
①　　②

문자변수였던 ① sex가 숫자변수인 ② gender로 전환된다. 주의할 점은 숫자변수인 gender는 한글인 경우 가나다 순으로 변수값이 지정되고, 영어는 알파벳 순으로 변수값이 지정된다. 예를 들어, sex의 1은 여자, 2는 남자라는 문서로 코딩되어 있다면, encode 명령어를 사용하여 숫자변수 gender를 만든 후 1은 남자, 2는 여자로 다시 입력되어 있을 것이다. 따라서 문자변수를 숫자변수로 전환한 후 반드시 sex와 gender의 label이 동일한지를 확인해 보는 것을 잊지 말아야 한다.

(2) 결측값 다루기

Stata에는 결측값이 시스템 결측값과 사용자 정의 결측값으로 구분된다. Stata의 결측값은 계산과 분석과정에서 생략된다. 이런 이유로 연구자는 분석을 시작하기 이전에 반드시 '9', '99', '999' 등과 같이 결측값으로 지정된 것은 반드시 시스템 결측값을 의미하는 '마침표(.)'로 바꾸어 주는 것이 좋다. 사용자 정의 결측값은 '모른다' 또는 '응답거부' 등과 같이 관측값으로 지정할 수 없는 경우가 있기 때문이다. 이 때 a부터 z까지 26개가 있는데 이 결측값은 시스템 결측값(.)과 함께 상상할 수 없는 양의 무한값으로 간주된다. 시스템 결측값(.)과 알파벳의 크기는 관측값 < . < a < b < … < z 값의 순이 된다. 만약 연령을 연령대로 범주화할 경우 가장 높은 연령이 80세이면 80세의 크기는 시스템 결측값보다 작다는 의미를 가진다.

계산관련 명령어

(1) 변수 재코딩하기

연구자는 분석과정에서 연속형 변수를 범주형 변수로 바꿀 필요성이 자주 생기는데 이때 사용하는 명령어가 recode이다. 또한 다음 그림과 같이 역코딩이 필요할 경우에도 사용될 수 있다.

Data > Create or change data > Recode categorical variables

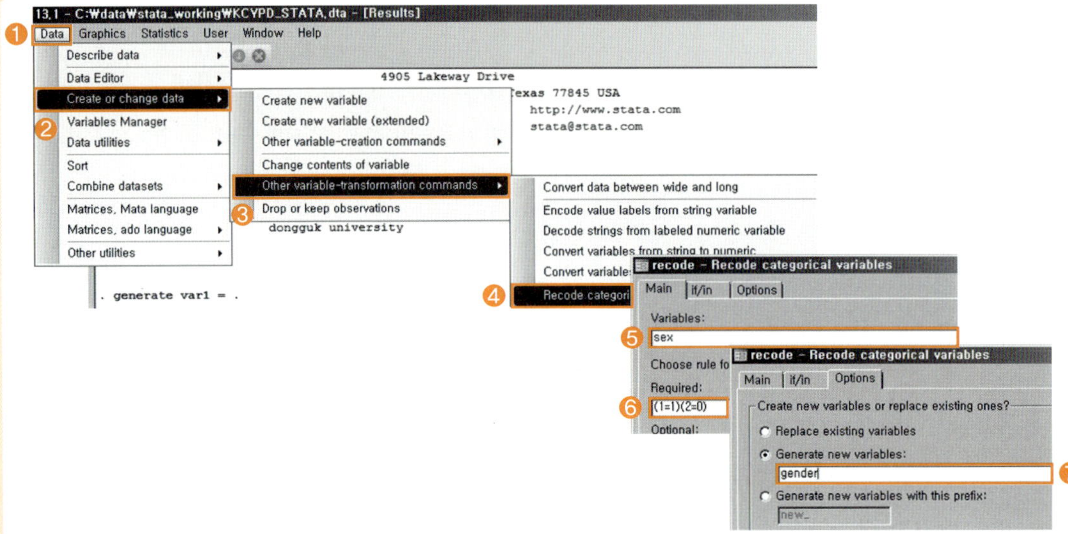

❶ 메뉴 중 Data를 클릭한다.
❷ 하단에 창이 열리면 Create or change data를 클릭한다.
❸ 우측으로 창이 열리면 Other variable-transfomation commands를 클릭한다.
❹ 우측으로 창이 열리면 Recode categorical variables을 클릭한다.
❺ 새로운 창이 열리면 Variables에 변환할 변수를 지정한다
❻ Required에 함수를 입력한 후 저장을 클릭한다.
❼ 새로운 창이 열리면 Generate new variables에 새로운 변수명을 입력하고 저장을 클릭한다.

recode varlist (rule) [(rule) ...] [, generate(newvar)]
① ② ③

연구자는 recode 명령어를 잘 활용하기 위해서는 위의 명령문 구조를 이해해야 한다. ①은 재코딩하려는 변수명을 의미한다. ②는 recode를 사용할 때 사용되는 일반적인 규칙으로 User Guide에서 예시를 하고 있다. 즉 (3 = 1)은 3을 1로 재코딩하라, (1 2 = 3)은 1과 2를 3으로 재코딩하라, (1/5 = 6)은 1부터 5까지는 6으로 재코딩하라는 규칙이다. ③은 옵션으로 명령문 구조에서는 재코딩한 내용을 가진 새로운 변수를 만들 수 있다는 것을 보여주고 있다. 예를 들어 recode sex (1 = 1) (2 = 0), gen(gender)는 기존 변수 sex를 재코딩된 gender라는 새로운 변수를 만들라는 의미를 지니며, 자연스럽게 더미변수를 만들 수도 있다. 이외에도 옵션에서는 label, prefix, test 등이 있으니, 공식매뉴얼을 통해 충분히 학습하기 바란다. 만약 옵션을 사용하지 않으면 기존 변수인 ① sex에 재코딩하게 되어 '같은 변수로 재코딩하기'의 기능을 수행하기 된다.

Tip ● 더미(dummy)변수 만들기

- recode 명령어 활용하기

  recode variable (1=0)(2=0)(3=1)(4=1), gen(newvariable)
- tab 명령어 활용하기

  tab variable, gen(dum)
- xi 접두어 활용하기

  xi i.variable

(2) 새로운 변수 만들기

연구자는 분석과정에서 새로운 변수를 만들어야 하는 경우가 생긴다. 이 때 사용할 수 있는 명령어는 recode 이외에 gen과 egen(extended generate)이 있다. gen 명령어는 아래의 계산하기에서도 소개되는데 이는 변수들의 계산을 통해 새로운 변수를 만들 수 있다는 의미한다.

Data > Create or change data > Create new variables

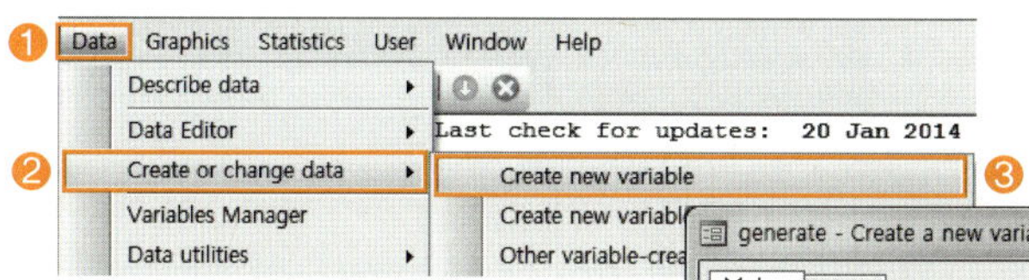

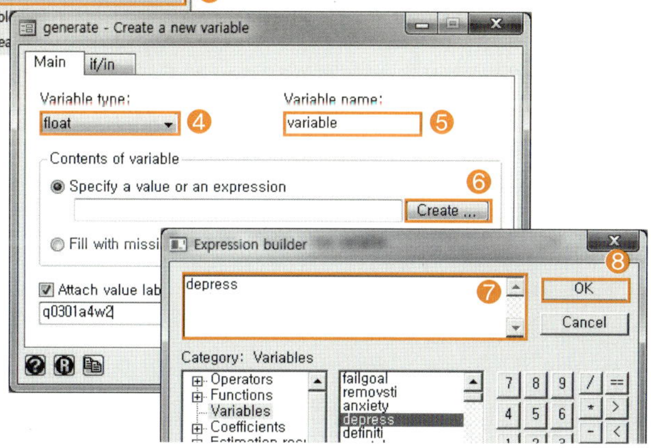

❶ 메뉴 중 Data를 클릭한다.
❷ 하단에 창이 열리면 Create or change data를 클릭한다.
❸ 우측에 창이 열리면 Create new variable을 클릭한다.
❹ 새로운 창이 열리면 Variable type에서 변수의 타입(문자, 숫자)를 지정한다.
❺ Variables name의 창에 새롭게 만들 변수명을 입력한다.
❻ Create...를 클릭한다.
❼ 새로운 창이 열리면 연구자가 새롭게 생성할 변수의 계산식을 입력한다.
❽ OK를 클릭한다.

generate [type] newvar[:lblname] = exp [if] [in]
①　②　③

gen 명령어의 구조는 간단하다. ① type은 연구자가 특정한 type를 지정하지 않으면, 새롭게 만들어진 변수는 연산식이 만든 type에 따른다는 의미이다. ② newvar는 연구자가 새롭게 만들고자 하는 변수명이다. ③ 새롭게 만들 변수의 값을 만드는 연산식이다. 연구자는 연산기호를 활용하여 다양한 변수를 만들 수 있다. 자세한 내용은 다음의 변수계산에 확인할 수 있다.

egen 명령어는 gen 명령어의 확장이라고 불린다. 이는 gen 명령어에 비해 활용할 수 있는 함수가 더 많기 때문이다.

Data > Create or change data > Create new variables(extended)

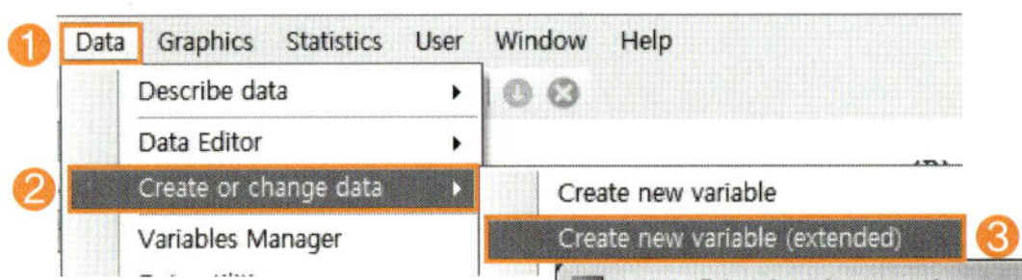

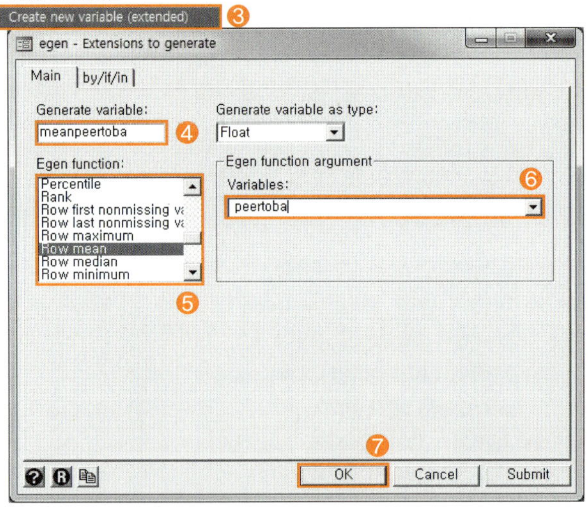

1. 메뉴 중 Data를 클릭한다.
2. 하단에 창이 열리면 Create or change data를 클릭한다.
3. 우측에 창이 열리면 Create new variable(extended)을 클릭한다.
4. 새로운 창이 열리면 Generate variable에 새롭게 생성할 변수명을 입력한다.
5. Egen Function에서 연구자가 변수에 적용할 함수를 선택한다.
6. 사용자가 변환할 변수를 입력한다.
7. OK를 클릭한다.

egen [type] newvar = fcn(arguments) [if] [in] [, options]
①

egen 명령어 구조에서 ①을 이해하면 다양한 변수를 새롭게 만들 수 있다. 즉 egen

명령어 다음에 새로운 변수를 입력한 후 연구자가 원하는 변수에 맞는 함수를 찾아 입력하면 된다. egen 명령어는 크게 모든 관찰값을 같은 값으로 만드는 방법과 관찰값 마다 다른 값으로 만드는 방법이 있다. 모든 관찰값을 같은 값으로 만드는 함수는 mean, meanage, median, total, max, min, count 등이 있고, 관찰값마다 다른 값으로 만드는 함수는 rowmin, rowmax, rowmean, rowtotal, rowmiss, rownonmiss 등이 있다.

예를 들면, 모든 관찰값을 같은 값으로 만들기는 egen meanpeertoba = mean (peertoba)라는 명령어 구조를 가질 수 있다. 이것은 새로운 변수 meanpeertoba는 전체 peertoba 변수 관찰값의 합계를 구하라는 의미를 가진다. 이에 반해, 관찰값마다 다른 값으로 만들기는 egen qmean = rowmean(q1－q17)라는 명령어 구조를 가진다. 이것은 q1부터 q17까지의 평균값을 구하여 새로운 변수에 개별 관찰값으로 입력하라는 의미를 가진다. egen qsum = rowtotal(q1－q17)은 q1부터 q17까지의 합계를 새로운 변수에 개별 관찰값으로 입력하라는 의미이다. 즉 egen 명령어는 기존의 변수와 관찰값들은 바뀌지 않고, 새로운 변수와 관찰값이 생기게 되는 것이다.

(3) 계산하기

변수를 계산하여 새로운 변수를 만들 때 주로 사용하는 명령어는 gen이다. gen 명령어는 변수를 계산할 때 산술 연산자를 활용하는 방법과 함수를 활용하는 방법 모두 사용할 수 있다. 산술 연산자인 제곱(^), 곱셈(*), 나눗셈(/), 덧셈(+), 뺄셈(–)의 순으로 사용한다. 그러나 순서를 이해하기 어려운 연구자는 괄호를 활용하면 연산순서가 보다 명확해지니, 가능하면 괄호를 사용하는 것을 권한다.

generate [type] newvar[:lblname] = exp [if] [in]
(① [type], ② newvar[:lblname], ③ exp [if] [in])

앞에서 살펴본 gen 명령어 구조에서 ③에 해당하는 부분이다. 구체적인 사례는 다음과 같다.

gen newvar$=X+Y+Z$

gen newvar$=X-Y$

gen newvar$=X/Y(Z^2)$

> **산술 연산자**
>
> | | | | |
> |---|---|---|---|
> | ^ | 제곱하기 | + | 더하기 |
> | * | 곱하기 | − | 빼기 |
> | / | 나누기 | | |

다음으로 gen 명령어는 함수를 통해서도 변수를 계산할 수 있다. gen 명령어에서 활용되는 함수로는 abs, exp, ln, log10, sqrt, int, floor, ceil, round, mod, max, min, sum, sing 등이 있다. 예를 들어, 연구자가 연령을 사용로그로 전환하여 새로운 변수를 만들고자 한다면 gen ln10age = log10(age)라는 간단한 명령문 구조를 사용하면 된다. 사회과학에서 많이 활용되는 함수로는 abs(절댓값), ln(자연로그), sqrt(제곱근), round(반올림) 등이 있다. 따라서 연구자는 원하는 변수계산을 다양한 함수를 활용하여 새로운 변수를 만들 수 있다.

자료구조에 영향을 주는 명령어

(1) 관찰값과 변수의 선택

> Data > Create or change data > Keep or drop observations

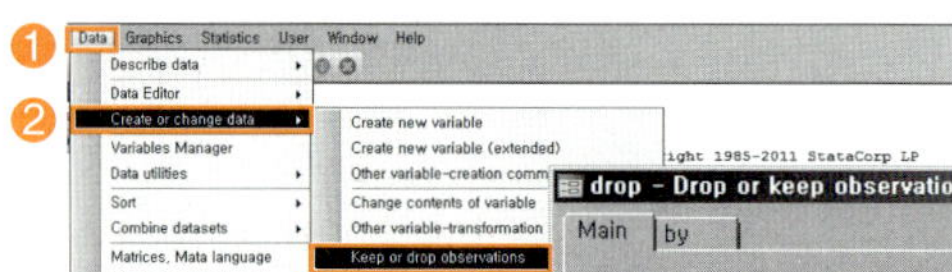

❶ 메뉴 중 Data를 클릭한다.
❷ 하단에 창이 열리면 Create or change data를 클릭한다.
❸ 우측에 창이 열리면 Drop or Keep observations를 클릭한다.
❹ Create...를 클릭한다.
❺ 새로운 창이 열리면 연구자가 버릴 변수를 지정한다.
❻ OK를 클릭한다.

연구자는 분석과정에서 관찰값과 변수를 선택할 경우가 있다. 이 때 사용할 수 있는 명령어가 drop과 keep이다.

만약 변수를 빼거나 유지하려는 선택이 필요할 때는 drop 변수목록 또는 keep 변수목록으로 입력하면 된다. 예를 들면 age라는 변수를 빼고 싶으면 drop age, sex와 age만 유지하고 싶으면 keep sex-age라고 입력하면 된다. 관찰값을 선택을 선택하는 경우는 keep if sex==1 (drop if sex !=1)을 입력하면 된다.

이 때, keep 명령어를 사용하면 다른 변수들은 모두 사라지게 된다. 따라서 메모리에 있는 원자료를 보존하면서 선택된 변수나 관찰값을 활용하길 원한다면 preserve란 명령어를 활용할 수 있다. 즉, preserve 명령어를 통해 원자료의 복사본을 메모리에 보존한 상태에서 keep 또는 drop 명령어로 변수나 관찰값을 선택하여 분석한 이후 restore 명령어를 입력하면 보존된 원자료가 복원된다.

(2) 파일 합치기와 추가하기

연구자는 여러 개 파일을 하나의 파일로 합쳐서 분석해야 할 경우가 있다. 예를 들어 아동청소년패널데이터 중 2개의 파일(1차년도 파일과 2차년도 파일)이 있다. 연구자는 이들 파일을 하나의 파일로 합치기를 원할 때 사용할 수 있는 명령어가 merge이다. merge 명령어의 명령문 구조는 One-to-one, Many-to-one, One-to-many, Many-to-many 등이 있지만, 본서에서는 One-to-one merge on specified key variables 사례만을 소개한다.

Data > Combine datasets > Merge two datasets

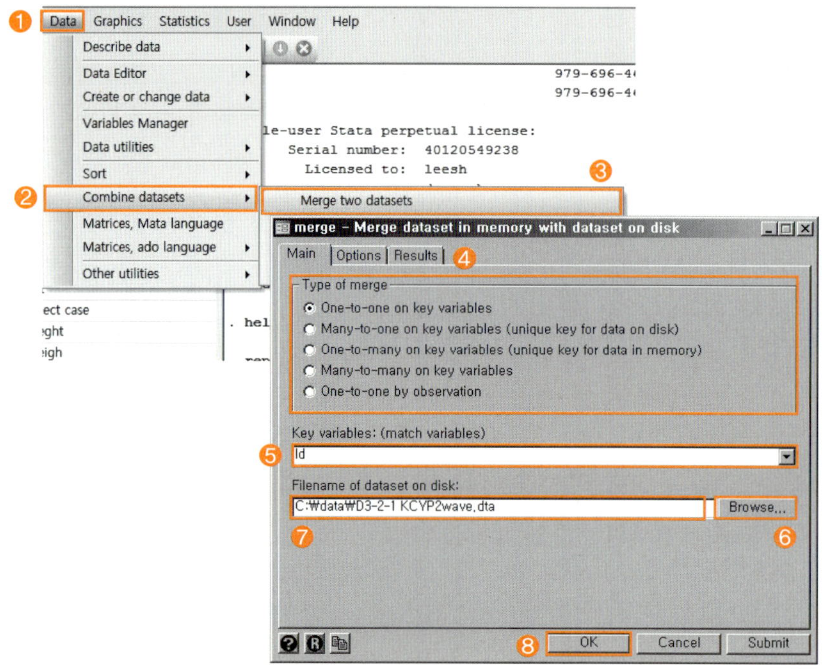

❶ 메뉴 중 Data를 클릭한다.
❷ 하단에 창이 열리면 Combine datasets를 클릭한다.
❸ 우측에 창이 열리면 Merge two datasets를 클릭한다.
❹ 새로운 창이 열리면 파일합치기 종류를 선택한다.
❺ 파일을 합칠 때 기준이 되는 변수를 지정한다.
❻ Browse...를 클릭한다.
❼ 합칠 파일의 경로를 지정한다.
❽ OK를 클릭한다.

merge 1:1 varlist using filename [, options]
① ② ③ ④

①은 파일 합치기 종류 중 One-to-one 방식을 의미한다. One-to-one 방식이란 합치려는 파일들에 공통적으로 들어 있는 핵심변수(key variables)가 한 번씩만 들어 있는 경우를 말한다. 본서에서 활용하는 아동청소년패널데이터의 경우 1차년도 파일과 2차년도 파일에서 id라는 핵심변수는 한 번씩만 들어 있기 때문에 이 방식을 사용할 수 있다. ②는 병합하고자 하는 파일들에 공통적으로 들어가 있는 변수명이다. 여기서는 One-to-one 방식을 활용하기 때문에 핵심변수 id만 입력해야 한다. ③ using filename을 이해하는 것은 매우 중요하다. Stata는 메모리에 하나의 파일만 탑재할 수 있기 때

문에, 통합하려는 다른 파일은 하드디스크에 있다. 여기서 메모리에 탑재된 파일을 기준(master) 파일이라고 부르고, 병합하려는 다른 파일을 사용(using) 파일이라고 한다. 따라서 기준파일을 메모리에 탑재한 상태에서 사용파일을 명령문 구조에 입력해야 한다. ④는 옵션부분으로 unique sort를 입력하는 것이 좋다. 이것은 핵심변수 id를 중심으로 sort해 주라는 의미이다.

연구자가 1차로 수집된 자료에 2차로 수집된 자료를 추가해야 할 경우가 있는데 이 때 사용할 수 있는 명령어가 append이다. 파일 합치기(merge)와 마찬가지로 1차로 수집된 자료는 기준(master) 파일이 되고, 추가할 파일은 사용(using) 파일이 된다.

Data > Combine datasets > Append datasets

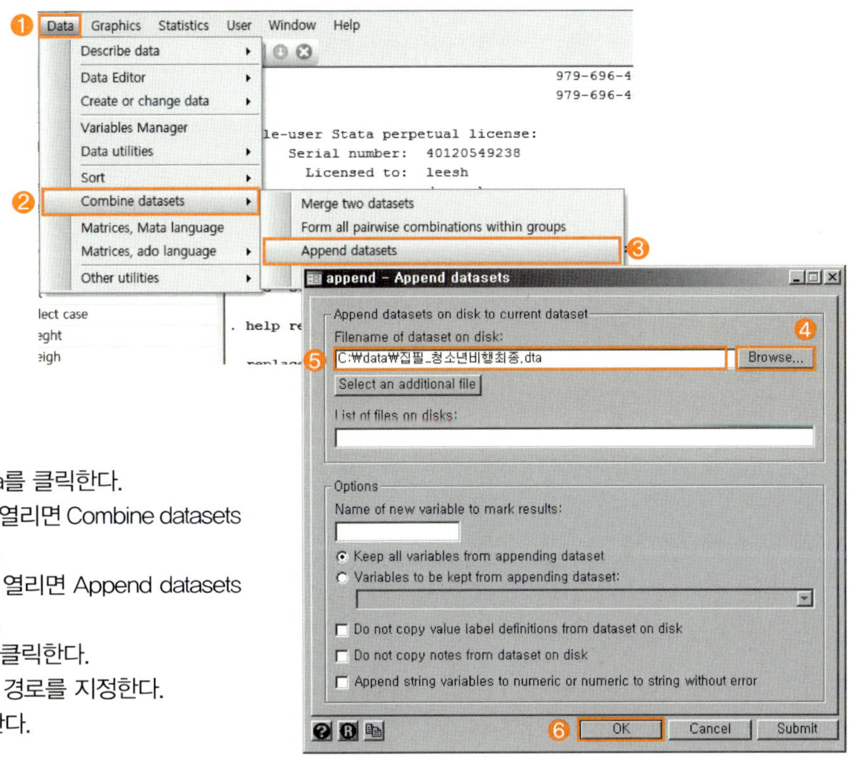

❶ 메뉴 중 Data를 클릭한다.
❷ 하단에 창이 열리면 Combine datasets를 클릭한다.
❸ 우측에 창이 열리면 Append datasets를 클릭한다.
❹ Browse...를 클릭한다.
❺ 합칠 파일의 경로를 지정한다.
❻ OK를 클릭한다.

```
append using filename [, options]
             ①
```

①은 1차에 수집된 자료(기준파일)에 추가할 2차 수집자료(사용파일)의 파일명을 의미한다. 당연히 기준파일은 미리 메모리에 탑재해 놓아야 한다.

(3) 자료 모양 고치기

본서에서 활용하는 KCYPS와 같이 반복적으로 측정된 자료가 있을 때, 연구자는 자료가 옆으로 쌓이는 wide 형태 또는 밑으로 쌓이는 long 형태들을 자유자재로 전환할 수 있다. 이 때 사용되는 명령어가 reshape이다. 예를 들어, 다층모형분석(HMLM)은 long 형태의 자료를 필요로 하기 때문에 wide 형태를 long 형태로 바꾸는 방법은 반드시 숙지해야 한다.

> Data > Create or change data > Other variable-transformation commands > Convert data between wide and long

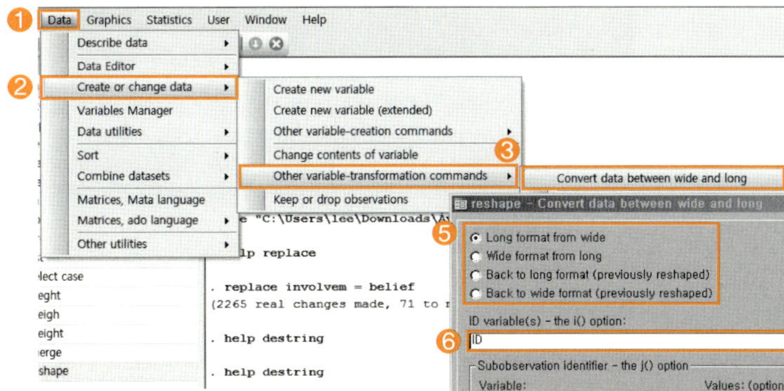

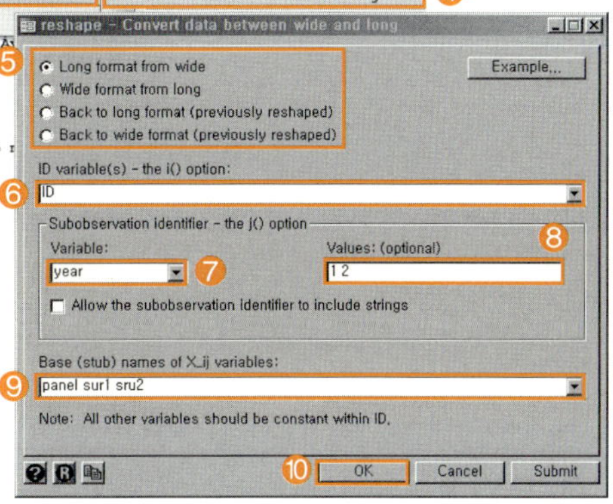

❶ 메뉴 중 Data를 클릭한다.
❷ 하단에 창이 열리면 Create or change data 을 클릭한다.
❸ 우측에 창이 열리면 Other variable-transformation commands를 클릭한다.
❹ 우측에 창이 열리면 Convert data between wide and long을 클릭한다.
❺ 변환 자료의 모양을 선택한다.
❻ 개별자료의 ID변수에 해당하는 변수를 입력한다.(예시의 자료는 패널자료로 id가 ID변수다).
❼ 개별자료를 구분하는 변수를 입력한다.
❽ 개별자료를 구분하는 변수의 값을 입력한다.
❾ 모양을 고칠 변수를 전부 입력한다.
❿ OK를 클릭한다.

reshape long stubnames, i(varlist) [options]
①: long, ②: stubnames, ③: i(varlist), ④: [options]

①은 자료의 모양을 고치는 방법을 지정하는 것이다. long은 wide 형태를 long 형태로 바꾸라는 의미이다. 역으로 wide는 long 형태를 wide 형태로 바꾸라는 의미이다. ② 자료모양의 변화를 원하는 변수목록을 나열하라는 의미이다. ③은 개별 자료의 ID 변수에 해당하는 변수이름이다. 패널자료에서 개별 자료의 ID변수는 id가 된다. ④는 개별 자료를 구분하는 변수를 입력하라는 명령어를 입력하라는 것이다. 예를 들어, KCYPD에서 개별 자료를 구분하는 것은 측정시간이기 때문에 j의 괄호 안에 들어가는 것을 새로운 변수 year라고 기술하는 것이다. 역으로 long 형태를 wide 형태로 전환할 때는 j의 괄호 안에는 존재하는 변수를 지정해야 한다.

Financial management

Stata

CHAPTER 02

조사방법론

CHAPTER

02 조사방법론

사회과학에서 통계학적 지식이 차지하는 비중은 상당히 높은 편이며, 통계학을 통한 연구결과의 추론과정은 매우 중요하다. 오늘날 통계기법은 1960년대 이후 컴퓨터 기술이 급속도로 발전함에 따라 훨씬 고급화되었다. 따라서 사회과학을 전공하는 독자들은 이러한 통계기법을 그 어느 때보다 자주 사용하고 있다. 그러나 통계학적 결론이 사회과학의 전부를 말하는 것은 아니다. 사회과학을 연구하는 독자의 학문적 영감과 결합되지 않은 통계학적 분석은 사회과학의 핵심을 이룰 수는 없는 것이며, 연구자의 학문적 시각과 이론적 기초가 배어 있지 않은 연구는 사실상 큰 의미가 없다고 할 수 있다. 따라서 통계학적 지식을 습득하는 것과 아울러 사회과학을 위한 조사방법에 대해 충분히 학습을 하는 일은 올바른 과학적 태도를 견지하고 그 과정을 수행하기 위해서는 필수적이라고 할 수 있다.

1절 개 관

1 과학과 과학적 방법

과학의 의의

(1) 과학이란

어떤 대상에 대한 인간의 사고는 크게 두 가지에 기초하고 있다. 하나는 직관이고,

다른 하나는 경험이다. 과학은 경험에 기초한 사고의 세계에만 한정된다. 이 때문에 자연과학과 사회과학을 포함하여 모든 과학을 경험과학이라고 한다. 그러므로 경험에 기초한 사고와 직관에 기초한 사고가 어떻게 다른가를 밝히는 것이 과학이 무엇인가를 규정하는 데 가장 먼저 필요한 일이다.

사회과학은 사회현상에 대해 기술, 설명, 해석, 법칙과 이론의 정립, 예측하는 것을 목적으로 한다. 단, 사회과학으로 인정받기 위해서는 논리성과 경험성을 가져야 한다. 논리성은 사회현상 → 개념 → 가설 → 가설의 검증 과정을 거쳐 이론으로 도출되어야 함을 의미하며, 경험성은 논리적 탐구를 통해 유추된 현상에 대한 지식이 경험적으로 관찰된 사실과 일치하게 되는 것을 말한다.

이에 반해 전통, 권위, 직관에 의한 방법은 비과학적이라고 한다. 전통은 과거로부터 믿어져 왔던 사실을 사회과학적 사실로 받아들이는 것을 말하며, 권위는 사회과학의 권위자가 주장하는 것을 과학적 사실로 인정하는 받아들이는 것을 말하며, 직관은 감각, 경험, 연상, 판단, 추리 따위의 사유작용을 거치지 않고 대상을 직접적으로 파악하는 것을 말하며, 이렇게 파악한 내용을 과학적인 사실로 인정하는 것을 말한다.

비과학적인 방법에서 생길 수 있는 오류는 부정확한 관찰, 지나친 일반화, 선택적 관찰 등의 오류를 발생한다. 이는 모집단(population)의 일반적 특성을 반영하지 않은 표집(sampling)은 비과학적인 방법에서 발생하는 오류들을 야기할 수 있다는 점에서 표집의 중요성을 강조하는 데 종종 사용되기도 한다.

과학의 두 핵심요소는 논리와 관찰이다. 이 두 가지는 과학의 본질이며 이론, 자료수집, 자료분석이라는 사회과학적 연구활동 체계의 세 가지 주요 측면과 관련이 깊다. 과학적 이론은 과학의 논리적 측면을 다루며, 자료수집은 관찰의 측면을 다룬다. 자료분석은 관찰한 것으로부터 유형을 찾는 것이며, 논리적으로 기대되는 내용과 실제 측정한 내용을 비교하는 것이다.

이론은 생활의 특정한 측면과 연관된 관찰을 체계적으로 설명한 것이다. 이론은 관점(perspective)이나 패러다임(paradigm)과는 구별된다. 관점이나 패러다임은 일반적인 틀, 또는 사물에 대한 관점이다. 이런 관점은 사회생활을 바라보는 방법을 제시한다. 반면에 이론은 일련의 체계적으로 상호 연관된 진술들인 것이다. 이런 진술들은 사회생활의 여러 가지 측면을 설명하려고 시도한다. 그러므로 이론은 살을 붙여 실제적인 내용을 충실하게 채움으로써 패러다임을 보다 구체화한다. 패러다임이 사회생활을 바라보는 방법을 제시한다면, 이론은 우리가 보는 것을 설명하는 데 중점을 두고 있다.

쉬어가기

사회과학에서의 패러다임

사회현상을 이해하는 데는 여러 가지 방법이 존재한다. 이렇게 차이가 나는 이론을 패러다임(paradigm)이라고 부른다. 사회과학자들은 사회현상을 어떻게 이해하고 조사할 것인지를 구성하기 위해 다양한 패러다임을 사용한다. 즉 패러다임은 관찰이나 추론을 구성하기 위해 연구자가 사용하는 근본적인 모델이나 준거 틀을 말한다. 다양한 패러다임을 구성하는 이론의 유형은 크게 거시이론과 미시이론으로 나눌 수 있다. 거시이론은 사회의 대규모 특성에 대한 이론을 다루고, 미시이론은 사회의 소규모 단위와 특성을 다룬다. 미시이론은 분석단위(units of analysis)가 개인이고, 거시이론은 분석단위가 집단(지역, 도시, 국가 등)이다. 여기서 분석단위란 연구대상 혹은 연구대상자를 말한다.

과학적 방법의 특징

과학적인 방법은 다음과 같은 몇 가지 특징을 가진다. 이러한 특징들을 살펴봄으로써 과학적 방법을 좀 더 정확하게 이해할 수 있다.

논리성 : 이론적인 근거하에 전개 과정상의 비약이 없이 진행되어야 한다.

인과성 : 둘 또는 그 이상의 현상이 원인과 결과라는 관계에 기초하여 발생하여야 한다.

일반성 : 과학은 개별 사실을 설명하려는 것이 아니라 여러 사실들에 대한 일반적 이해를 목적으로 하기 때문에, 가능하면 많은 사실들을 대상으로 하여 그 사실들의 일반적인 원리를 밝혀낸다.

간결성 : 과학은 이 구성요소들 가운데 핵심적인 것만을 가지고 그 사실을 설명한다. 설명이 간결할수록 그 사실에 대한 설명력은 낮아지지만, 결국에 가서는 간결성과 설명력을 모두 극대화시키기 위해 노력한다.

구체성 : 과학이 더욱 과학적이 되기 위해서 분명히 밝혀야 할 개념은 그 뜻을 조작과 의미의 특정화를 통해 추구할 수밖에 없다. 따라서 연구의 결과에 기초하여 또 새

로운 사실을 발견하고 그것을 해석할 때도 그 해석은 조작 및 특정화시킨 범위 안에서만 의미가 있게 된다.

경험적 검증 가능성 : 시간, 공간, 대상 측면에서 연구결과가 적용가능한 범위를 규정하여야 하며 경험적으로 검증 가능해야 한다. 실제현상에 의거하여 연구가 행해져야 한다. 실제 현상세계에서 일어난 현상을 대상으로 하며 현상적인 증거가 존재하여야 한다.

객관성 : 주관적인 편견이나 판단을 배제하고 객관적으로 나타난 증거와 판단에 근거하여야 한다.

수정가능성 : 과학은 법칙이나 이론의 정립을 추구하지만 변하지 않는 영원한 법칙이나 이론은 정립될 수 없기 때문에 과학에서의 법칙이나 이론은 항상 수정될 수 있다. 이러한 수정 가능성은 과학의 자율성 문제이기도 하다.

논리체계

모든 과학적 이론은 논리와 경험이 기초한다. 이론은 먼저 논리적으로 치밀하여야 하고 동시에 경험적으로 검증을 거쳐야 한다. 과학적 이론의 발전과정에서는 논리와 경험의 방법을 둘러싸고 연역법과 귀납법으로 크게 나뉜다.

(1) 연역법

연역법은 이론으로부터 가설을 설정하고 가설의 내용을 현실세계에서 관찰한 다음, 관찰에서 얻은 자료가 어느 정도 가설에 부합되는가를 판단하여 가설의 채택 여부를 결정짓는 방법이다.

(2) 귀납법

귀납법은 우선 관찰을 통해 자료를 수집하고 이를 정리, 분석하여 일반적인 유형을 찾아내고 이것으로부터 잠정적인 결론에 도달하는 방법이다. 즉, 귀납법은 인과관계를 경험적으로 증명하는 과정을 말한다.

[그림 2-1]

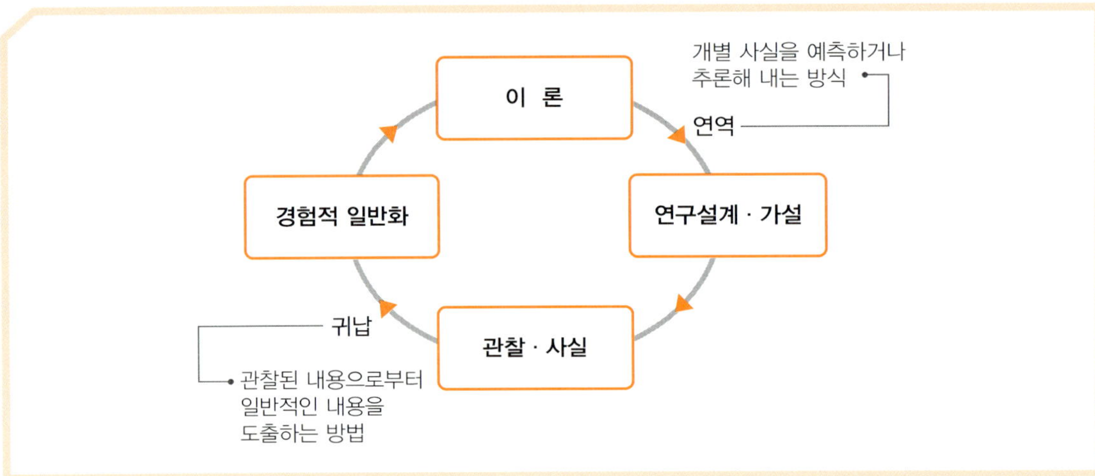

2 사회과학적 조사의 유형

탐색적 조사

사회과학연구에서는 특정 주제를 탐색하거나 연구자가 그 주제와 친숙해지기 위한 것이 있을 수 있다. 이러한 경우는 주로 연구자가 새로운 주제에 관심을 가질 경우에 해당된다. 탐색적 연구는 이러한 목적을 수행하는 연구를 일컫는다. 탐색적 연구의 목적은 주로 3가지로 나눌 수 있다. 첫째는 연구자의 호기심과 보다 나은 이해를 돕고자 하는 목적이 있을 수 있다. 둘째는 보다 강도 높은 본격적인 연구의 시행 가능성을 검증하는 데 있을 수 있고, 마지막으로는 차후의 연구에서 이용할 수 있는 방법을 개발하는 데 그 목적이 있을 수 있다. 즉, 탐색적 조사는 연구문제가 정확히 어떤 것인지를 알지 못할 때 활용된다. 여기에는 문헌조사, 전문가 의견조사, 사례조사 등이 있다.

기술적 조사

사회과학연구의 주요 목적 중 하나는 상황과 사건을 기술하는 것이다. 과학적 관찰은 단순한 관찰을 넘어서는 것으로서, 의식적인 행위이며 주도면밀한 것이다. 따라서 일상적인 기술보다는 훨씬 더 정확하고 정밀하다. 사회과학조사는 관심 있는 변수들의 특성에 대한 조사가 대부분인데, 이런 조사특성을 가장 잘 만족시켜 주는 것이 기술적 조사이다. 여기에는 횡단연구와 종단연구가 있다. 횡단연구는 단 하나의 시점을 대표하는 관찰에 근거한 연구이다. 이에 비해 종단연구는 상이한 시점의 자료 수집을 포함하는 연구를 말한다. 종단연구에는 추세(trend)연구, 코호트(cohort)연구, 패널(panel)연구 등이 포함된다. 추세연구는 모집단의 특정화된 특징을 시간에 따라 추적하는데, 각 시점마다 상이한 표본을 조사한다. 코호트연구는 구성원이 다른 표본으로부터 자료를 수집하지만 특정 하위 모집단, 즉 코호트를 시간이 지남에 따라 연구하도록 설계한다. 패널연구는 여러 시점에 걸쳐 동일한 표본으로부터 자료를 수집한다.

본서에서 사용되는 기초자료로 사용하는 한국아동 · 청소년패널조사(이하 "KCYPS")는 종단연구에 속하는 패널조사이다. 즉, KCYPS는 2010년 기준 전국의 초1, 초4, 중1 학년생을 대표하는 동일한 표본(각 패널 2,200여 명)을 대상으로 향후 7년 간 매해 1회 개인의 성장과 발달 및 개인을 둘러싼 환경 등에 관하여 반복, 추적 조사하는 종단연구이다.

설명적 조사

사회과학의 궁극적인 목적은 사회현상을 설명하려는 것이다. 기술적 연구는 무엇이, 어디서, 언제, 그리고 어떻게 이루어지는지에 대한 질문에 답을 주려는 것이라면 설명적 연구는 특정 사회현상이 '왜' 발생하였는지에 대한 답을 주려는 데 목적이 있다고 할 수 있다. 따라서 설명적 조사는 기술적 조사연구 결과의 축척을 토대로 어떠한 사실과 사실과의 관계를 파악하여 인과관계를 규명하거나, 이러한 규명결과를 토대로 미래를 예측하는 조사를 말한다. 설명적 조사는 주로 정책적 대안이나 정책결정을 확정할 때 사용되며, 인과관계를 검증하려면 최소한 두 개의 비교집단이 필요하다.

2절 사회과학적 조사의 연구과정

본서는 [그림 2−2]의 순서에 따라 한국아동 · 청소년패널조사(KCYPS)를 중심으로 사회과학 조사방법론을 간략히 설명한다.

[그림 2−2]

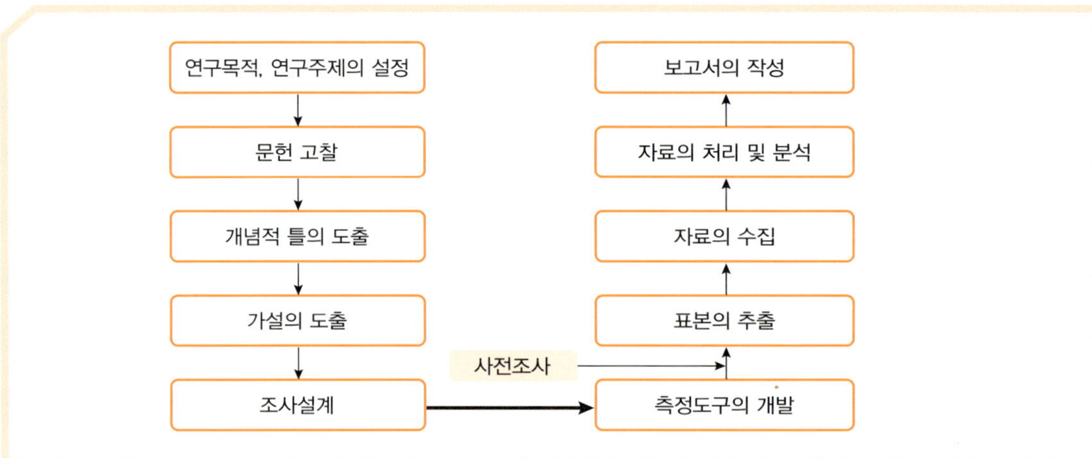

1 연구문제의 정립

연구자는 그 연구에서 취급하고자 하는 주제, 연구의 목적 및 연구의 실제적 중요성과 이론적 의의 등에 관해서 명백한 구상을 갖고 이를 이론적으로 정립하는 단계이다. 즉, 연구설계에 있어서 가장 중요한 시작점은 그 연구에서 탐구하고자 하는 연구문제(research problem)이다.

연구자는 어떤 사회현상을 관찰하고 난 후 이 사회현상의 원인에 대해 의문을 제기하고 연구할 가치가 있는지를 생각하게 된다. 어떤 연구자에게 사회현상을 연구할 가치가 있는지 없는지를 생각하게 되는 이유는 기존지식의 미비, 연구결과의 상충, 새로운 현상과 기존 지식체계와의 연결 등의 이유로부터 나온다.

연구문제는 어떤 특정 사회 현상에 대한 연구자의 관심으로부터 시작되며 연구문제는 어떤 것이 되든지 넓은 뜻의 '이론'을 바탕으로 깔고 있기 마련이다. 이 때, 문제의 정립을 보다 명확하게 하기 위해 관련된 문헌을 조사하고, 해당 분야의 전문가들과 토의하여 의견을 참조하거나 예비조사를 실시할 수 있다.

2 가설의 설정

가설의 의의

선정된 문제가 지나치게 일반적이거나 추상적이면 조사 연구하는 데 어려움이 있기 때문에 이를 보다 구체화할 필요가 있는데 이러한 구체화는 가설을 통해 획득된다. 즉, 가설은 일반적으로 두 개 이상의 변수들 간의 관계를 검증 가능한 형태로 서술해 놓은 잠정적인 연구결과이다.

따라서 가설은 일반적인 명제로부터 나온 경험적 실제에 대한 구체적이고 검증 가능한 기대인 것이다. 보다 일반적으로 정의한다면, 이론으로부터 도출된 사물의 본질에 대한 하나의 기대이다. 가설은 보통 독립변수와 종속변수와의 관계로 서술된다.

가설의 행태는 "만일…하다면…할 것이다(If A, then B)" 또는 "A(독립변수)가 높을수록 B(종속변수)가 높다"이다.

가설의 구성요건

진술이 명료해야 한다. 이것은 가설 속에 포함된 모든 변수들을 조작적으로 명확하게 정의해 주어야 한다는 것이다.

가치중립적이어야 한다. 과학적 접근을 위해서 연구자의 편견이 들어가지 않도록 최대한 중립적 자세를 견지해야 함을 의미한다.

특정화되어 있어야 한다. 이것은 변수 사이의 단순한 관계의 유무에 대한 진술로 그치는 것이 아니라 관계의 방향까지도 명시해 주어야 한다는 것이다. 즉 부(–)적이든, 정(+)적이든 관계의 방향성이 나타나도록 제시되어야 한다는 것이다.

경험적으로 검증 가능한 것이어야 한다. 이것은 경험적인 자료를 구하는 것이 가능하고, 이러한 자료를 통해 연구자의 가설이 맞았는지 틀렸는지를 증명할 수 있는 주제이어야 한다는 것이다.

인과관계의 조건

인과적 관계가 성립되기 위해서는 변수들 사이에 상관관계가 있어야 한다. 여기서 상관관계는 한 변수의 변화가 다른 변수의 변화와 관련이 있거나 한 변수의 특정 속성이 다른 변수의 다른 속성과 관련이 있는 경우를 말한다.

시간적 순서가 존재해야 한다. 원인은 결과에 우선하여 발생해야 한다. 따라서 독립변수가 종속변수에 비해 시간적으로 앞서야 한다.

허위적 관계(spurious relationship)가 아니어야 한다. 이것은 결과가 제3의 변수에 의해서 설명되면 안 된다는 것을 의미하는 것이다. 허위적 관계란 변수 간에 우연히 발견되는 통계적 상관을 의미하는 것으로서, 제3의 변수에 의해 발생하게 된다.

개념과 개념화

개념은 구상물이다. 개념은 용어에 대해 사회 구성원이 부여한 합의된 의미를 대변한다. 개념화는 조사연구의 목적을 위해 개념에 특정한 의미를 부여하도록 관찰과 측정을 구체화하는 과정이다. 개념화는 개념의 지표(indicator)들을 구체화하고 차원(dimension)을 기술하는 것을 포함한다. 조작적 정의는 개념에 적합한 변수들이 어떻게 측정될 것인가를 구체화한다. 여기서 지표는 연구하고자 하는 변수를 반영하는 것으로 여겨서 관찰하고자 선택한 대상물을 말하는 것이다. 차원은 개념의 특정화될 수 있는 어떤 측면을 말하는 것이다.

조작화

가설을 검증하기 위해서는 관찰을 해야 한다. 이때 가설 안에 포함되어 있는 모든 변수들의 의미를 구체화해야 한다. 조작화는 조작적 정의를 개발하는 과정이거나 변수 측정에 포함되어 있는 정확한 조작을 구체화하는 것으로서, 개념화 다음에 나타나는 단계를 의미한다. 이 때 조작적 정의(operational definition)란 관찰이 분류될 수 있는 조작이라는 관점에서 어떤 것에 대한 명확하고 구체적인 정의를 의미하는 것이다. 예를 들면 '특정 학과목에서 A라는 점수를 얻는' 조작적 정의는 '기말고사에서 적어도 90점 이상을 받는 정확한 대답'이다.

변 수

가설은 변수와 변수의 관계로 이루어진 진술이다. 그래서 사회과학연구는 변수들과 그 관계들을 연구하는 것이라고 할 수 있다. 변수(variables)란 관찰 대상이 갖는 특성으로서 성별, 교육수준, 수입, 학력 등과 같이 여러 범주로 나누어지는 속성(attributes)을 가지고 있다. 이러한 속성은 사람이나 사물의 특성들이라고 볼 수 있다.

변수는 이러한 속성들의 논리적인 집합이라고 보면 된다. 예를 들면 성별이라는 변수에는 남성과 여성이라는 속성들로 구성되어 있다고 할 수 있다. 이론이란 이 변수들 간에 논리적으로 기대하는 관계를 기술한 것이다. 이러한 기대되는 관계는 인과관계를 염두에 두고 있다고 할 수 있을 것이다. 즉 한 변수에 있어서 하나의 속성은 다른 변수의 특정한 속성을 야기하거나 고무시킨다고 볼 수 있는데 이러한 관계를 인과관계라고 칭한다.

이 인과관계에서 변수를 독립변수와 종속변수로 구분할 수 있다. 독립변수(원인변수)는 다른 한 변수의 결과에 영향을 미치는 변수를 말한다. 이에 비해 종속변수(결과변수)는 다른 한 변수에 종속되거나 그것에 의해 발생된다고 여겨지는 변수를 지칭하는 것이다. 사회과학연구의 궁극적 목적은 사회현상인 종속변수를 결정짓는 요인들, 즉 독립변수를 찾아내는 작업이라고 할 수 있다.

3 조사설계

조사설계는 가설을 평가하기 위한 구조, 계획 및 전략이라고 할 수 있다. 예를 들면, 연구내용을 단순히 어떤 현상의 기술에만 그치느냐 아니면 여러 요인 간의 관계를 분석할 것인가, 어떤 집단을 조사대상으로 할 것인가, 자료수집은 어떤 방법으로 할 것인가 등을 고려하는 단계이다.

측정과 척도

(1) 측정의 개념

측정이란 자료를 양적으로 분석하기 위하여 일정한 규칙에 따라서 사물이나 현상에 수치를 부여하는 작업을 말한다. 즉, 관찰된 현상의 경험적인 변수에 대해 '일정한 규칙'에 따라 수치를 부여하는 것이다. 따라서 측정은 추상적인 개념들을 경험적인 것으로 바꿈으로써 이론적 세계와 경험적 세계를 연결시켜 주는 역할을 한다.

사회과학에서는 대부분의 경우 연구대상이 갖는 속성 자체보다는 속성의 지표들을 측정하기 때문에, 관찰한 것에 대해 수치를 부과하는 일이 자연과학에서보다 훨씬 어렵고 또한 논란의 여지가 있을 수 있다.

측정의 종류

사회과학연구에서 변수들을 구성하는 속성들은 상이한 측정수준을 나타낼 수 있다. 측정 수준에 따라 명목척도＜서열척도＜등간척도＜비율척도로 나뉜다. 이들 척도 수준은 제공되는 정보의 수준과 자료 분석에 이용될 수 있는 통계방법의 수준에 따라 순위가 결정된다. 즉, 변수의 수준이 높은 것은 낮은 것으로 변환될 수 있지만 그 반대는 불가능하다. 따라서 설문조사의 질문내용을 만들 때, 가능한 한 높은 수준의 변수를 만들어야 한다. 왜냐하면, 변수의 측정수준에 따라 통계기법의 사용이 달라지기 때문이다.

명목척도 : 명목척도는 변수를 오직 서로 다른 속성으로 분류하는 측정수준이다. 성별, 종교 등이 해당된다.

서열척도 : 서열척도는 명목척도가 가지고 있는 속성 이외에 변수를 어떤 차원에서 순서를 매길 수 있는 속성으로 기술하는 측정수준이다. 상 · 중 · 하의 사회경제적 지위가 여기에 해당된다.

등간척도 : 등간척도는 변수를 어떤 차원에서 서열화할 수 있을 뿐만 아니라 인접한 값 간의 간격을 표준화된 척도로 기술하는 척도이다. 두 점수의 차이가 20단위라든지, 온도 간의 차이가 섭씨1도로 차이가 같다든지 하는 것이 그 예이다.

비율척도 : 비율척도는 등간척도와 모든 다른 특성에서 동일하지만 0이 인위적으로 부여된 값이 아니라 실질적인 0점, 즉 절대적 의미를 갖는다. 진정한 의미에서의 0

에서 기초한 속성으로 기술하는 측정수준이다. 예를 들면, 특정 지역의 인구가 0이라는 것은 그 지역에 살고 있는 사람이 없다는 의미이다. 또한 소득이 0이라는 것도 소득이 정말 없다는 의미인 것이다.

[표 2-1] 측정수준에 내포되어 있는 가정

특성 / 측정	분류 (category)	순위 (order)	동일간격 (equal interval)	절대영점 (absolute zero)
명목측정	○	×	×	×
서열측정	○	○	×	×
등간측정	○	○	○	×
비율측정	○	○	○	○

신뢰도와 타당도

(1) 신뢰도

신뢰도는 연구방법의 기술적인 내용으로서 측정수단을 반복하여 사용하여 동일한 자료를 수집할 수 있는 경우를 평가한 것이다. 신뢰도의 측정치는 일반적으로 안정성(stability)과 동등성(equivalence)의 두 기준으로 평가할 수 있다. 안정성은 두 시점 또는 그 이상의 시점에서 동일한 내용을 측정할 때 나타난다. 다른 시점의 측정에서 결과가 동일하게 나타난다면 안정성이 있는 것이고, 이것은 곧 신뢰도가 높다고 결론을 내릴 수 있다. 동등성은 어떤 태도를 측정하기 위하여 여러 개의 문항을 더하여 사용할 경우에 등장한다. 이 때 신뢰도는 태도의 지표로 각 문항이 갖는 동등성을 가리키게 되는 것이다. 신뢰도의 평가방법에는 크게 3가지가 있다.

검사-재검사법 : 신뢰도 평가의 두 기준 중에서 안정성과 관련이 깊다. 동일한 측정을 한 번 이상 했을 때 그 결과들 사이에 높은 상관이 있는지를 가지고 평가하는 방법이다. 즉, 어떤 대상을 일차로 측정한 다음, 일정기간이 지난 후 같은 측정 방법으로 같은 대상을 다시 측정하여 그 결과를 비교하는 방법이다.

반분법 : 복잡하고 추상적인 개념을 측정하고자 할 때 전체 문항을 두 개의 집단으로 나눈 다음, 두 집단의 상관계수를 보고 신뢰도를 평가하는 방법이다. 이 방법은 동일한 개념에 대해 여러 개의 문항으로 측정을 하는데, 무작위로 측정 도구를 두 집단으로 나누고 이들 측정치 간의 상관관계를 분석한다.

내적 일관성법 : 특정한 개념을 측정하기 위해 만들어진 여러 개의 문항들 상호 간에 어느 정도 일관성을 가지고 있는지를 평가하는 방법이다. 이러한 문항 상호 간의 일관성을 측정하는 위한 방법으로 크론바흐 알파(Cronbach alpha)값(그냥 알파계수라고도 함)을 사용한다. 일반적으로 0~1의 범위를 가지는 알파계수는 .90 이상이 되면 신뢰도가 높다고 하며, 그 값이 적어도 .60은 넘어야 만족한 수준이 된다.

신뢰도를 높이기 위해서는 측정항목의 모호성 제거, 측정항목의 수의 증대, 중요한 질문의 경우 동일하거나 유사한 질문을 2회 이상 질문, 연구대상자가 잘 모르거나 전혀 관심이 없는 내용은 생략, 연구자(면접자)의 면접방식과 태도의 일관성 유지 등과, 이전의 조사에서 이미 신뢰성이 있다고 인정된 측정도구를 사용하는 방법이 있다.

(2) 타당도

타당도는 측정하고자 하는 대상을 얼마나 정확히 측정하였는가의 문제이다. 즉, 한 측정방법이 개념의 실제 의미를 얼마나 적절하게 반영하고 있는지의 정도를 나타낸다. 측정의 궁극적인 타당도는 밝히기 어려울 수 있지만 액면타당도, 기준관련 타당도, 내용타당도, 구성타당도 등에 기초해서 상대적인 타당도에는 합의에 이를 수 있지만, 구성타당도가 가장 강한 형태라 할 수 있다.

액면타당도 : 어떤 변수를 포괄하고 있는 합리적인 측정치로 여겨지는 지수의 특성을 가리키는 것이다. 예를 들면 종교행사에 참여하는 빈도나 헌금의 액수가 한 개인의 종교심을 나타내는 지표라는 점은 많은 설명이 없이도 합의에 이를 수 있는데, 이것이 바로 액면타당도이다.

기준관련 타당도 : 측정이 외부의 기준에 연관된 정도를 의미하는 것이다. 예를 들면, 대학입학시험의 타당도는 학생의 성공적인 대학생활을 예측하는 능력과 연관되며, 운전면허시험의 타당도는 운전자의 안전한 운전능력을 예측하는 것과 관련이 있는 것이다. 이를 다른 용어로 예측타당도라고 부르기도 한다.

구성타당도 : 측정이 이론적 관계의 틀에서 기대된 바대로 다른 변수들과 관련된 정도를 말한다. 여기서 구성이라는 것은 기존 지식의 어떤 측면을 설명하고 체계화하기 위하여 개발된 이론적 개념이라고 할 수 있다. 따라서 구성타당도는 어떤 척도가 원래 측정하려고 의도하였던 내용을 잘 측정하고 있는 정도를 의미한다고 보면 된다.

내용타당도 : 측정이 개념에 포함된 의미들의 범위를 포괄하고 있는 정도를 말하는 것이다. 예를 들면, 수학실력을 측정하는 시험에는 덧셈뿐만 아니라 뺄셈, 곱셈, 나눗셈 등이 모두 포함되어야 한다. 편견을 측정하려 한다면 그 측정치가 인종이나 민족집단에 대한 편견, 여성 혹은 노인에 대한 편견 등을 모두 포함해야 내용타당도가 높다고 할 수 있다.

(3) 신뢰도와 타당도의 관계

신뢰도와 타당도의 관계를 아래 그림에서 보는 바대로 표적에 비유해 보면, (가)의 그림은 신뢰할 수 있지만 타당하지 않은 형태이다. 탄착이 일관성 있게 밀집되어 있어 신뢰할 수 있으나 원하는 표적중심에서는 벗어나 있어서 타당하다고 보기 어렵다. (나)의 그림은 타당하지만 신뢰할 수 없는 상태이다. 대체로 표적중심을 둘러싸고 탄착이 형성되어 있지만, 확률오차가 크고 일관성이 있어 보이지 않는다. (다)의 그림은 탄착이 표적중심에 밀집되어 있기 때문에 타당할 뿐만 아니라 신뢰할 수 있다고 볼 수 있다.

[그림 2-3]

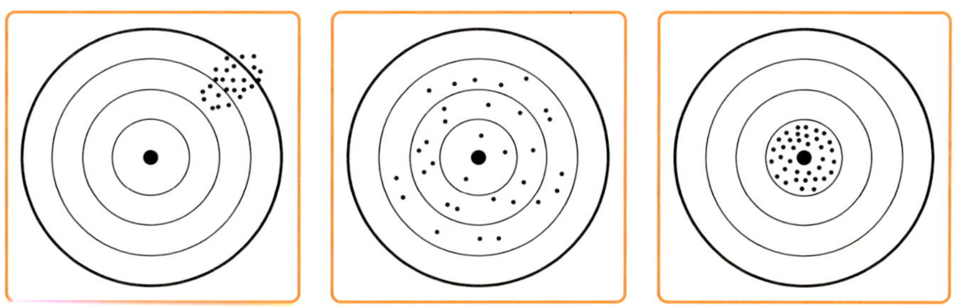

(가) 신뢰할 수 있지만 타당하지 않다

(나) 타당하지만 신뢰할 수 없다

(다) 타당하고 신뢰할 수 있다

출처: Babbie, 1989, p.126.

표본추출

(1) 전수조사와 표본조사

표본추출방법은 표본조사를 전제로 한다. 그러나 이상적인 자료수집방법은 모집단에 속하는 모든 구성원 전체를 대상으로 직접 조사하여 정보를 입수하는 전수조사이다. 그러나 방대한 양으로 생기는 오차 가능성과 시간경과에 따른 변화가능성, 과도한 비용 등으로 인해 거의 사용되지 않는다.

대신, 표본의 특성을 기반으로 모집단의 특성을 추정해 내는 방식인 표본조사가 일반적으로 활용된다. 표본조사는 전수조사에 비해 시간과 비용의 절약, 오차가능성의 축소, 모집단을 정확하게 파악하기 불가능한 경우, 표본숫자가 적어 보다 세밀한 조사의 가능 등의 장점을 가진다. 물론, 표본조사는 모집단의 일반적 특성을 고려한 표본선정의 어렵고 복잡한 표본설계를 요하는 경우에는 오차가 많이 발생할 수 있는 단점이 있다. 즉, 잘못된 표본추출은 모집단을 대표하지 못하는 표본을 추출하여 분석한 결과를 모집단에 적용할 수 없는 문제를 야기한다.

본서의 KCYPS는 표본조사로서 2010년 현재 초1, 초4, 중1에 재학 중인 모든 학생과 그들의 보호자가 모집단이며, [2009년 전국 학교일람표]에 수록된 초등학교와 중학교의 리스트를 표집틀(sampling frame)로 설정하고 있다.

(2) 표본추출방법

표본추출 방법은 크게 확률표본추출과 비확률표본추출로 나뉜다. 확률과 비확률의 차이는 모집단의 모든 구성요소가 표본으로 선정될 확률을 알 수 있는지에 따라 달라진다. 즉, 확률표집은 표집틀(sampling frame)에 대해 무작위(random) 표집을 진행하기 때문에, 표본오차를 추정할 수 있어 모집단의 특성을 나타내는 모수의 추정이 가능하다.

① 비확률표집

비확률표집은 확률이론이 제시하지 않은 방식들로 표본들을 추출하는 방법을 말한다. 이것은 확률표집을 할 수 없는 상황이거나 경제적인 이유로 확률표집을 할 필요가 없는 경우에 실행한다. 이 방법은 연구자의 주관에 의해 표본이 선택되므로 오차에 대한 분석이 불가능하며, 따라서 표본의 결과를 모집단에 확대 해석하여 일반화할 수 없다는 단점이 있다.

유의적(판단적) 표집 : 비확률표집의 한 형태로서, 연구자의 판단하에 가장 유용하거나 가장 대표성이 있다고 생각되는 것들을 관찰될 단위들로 추출하는 방법이다.

눈덩이 표집 : 현장연구에서 자주 사용되는 비확률표집방법으로서, 면접을 한 각 개인들에게 다음에 면접할 사람들을 소개해 달라고 말하는 것이다.

할당표집 : 표본의 특성이 연구될 모집단에 존재하는 특성과 동일하게 만들기 위해 미리 특정화된 특성에 기초하여 단위를 표본에 추출하는 비확률표집의 한 형태이다. 할당표집은 모집단의 특성을 일부 반영하고 있다는 점에서 확률표집의 장점을 일정 부분 확보하고 있다.

② **확률표집**

확률표집은 표본이 확률이론, 특히 무작위 기제에 의해 추출되는 방법을 말한다. 즉, 모집단에 속해 있는 각 구성원이 표본으로 선택될 가능성이 일정하게 되도록 하는 방법이다.

단순무작위 표집 : 모집단을 구성하는 단위들에 번호를 할당하는 확률표집의 형태를 말한다. 일련의 무작위 숫자들이 만들어지고 나면 그러한 번호들이 가진 단위들이 표본에 포함되는 방식을 취한다.

계통적 혹은 체계적 표집 : 목록의 매번 k번째 요소들이 표본에 포함되는 확률표집의 형태를 말한다. 모집단의 크기를 원하는 표본의 크기로 나누어 k를 계산하는데 이때 k가 표집간격(sampling interval)이라고 불린다. 즉 표집간격은 모집단에서 표본에 산출될 요소들의 표준거리인 것이다. 이에 반해 표집비(sampling ratio)는 모집단 요소들이 표본에 추출될 비율을 말하는 것으로서 표본의 크기를 모집단의 크기로 나눈 값이다. 체계적 표집에서 선형적으로 첫 번째 단위는 무작위로 추출된다.

층화표집(stratification sampling) : 층화표집은 모집단을 구성하고 있는 단위들을 표집 전에 동질성이 있는 집단들(또는 층)로 집단화하여 요소를 추출하는 확률표집의 형태이다. 이 과정은 단순무작위 표집, 체계적 표집, 집락표집과 연계해서 사용할 수 있으며, 최소한 층화변수하에서 표본의 대표성을 향상시킨다.

집락표집 : 집락표집은 자연적인 집단(집락)을 일차적으로 표집한 다음, 선정된 각 집단에서 구성원을 추출하는 다단계 표집을 말한다. 예를 들면, 연구자는 학교 명부에서 조사 대상 지역 대학에 대한 표본을 추출하고, 그 추출된 학교들 각각에서 학생들의 명부를 구한 다음, 각 학교에서 표본을 추출할 수 있다.

본서의 KCYPS의 표집방법은 층화다단계집락표집을 사용했다. 초1 패널의 표집절차는 16개 시도를 시지역과 군지역으로 구분한 후 이들의 지역적 근접성을 기준으로 총 27개의 집락으로 나눈 후, 서울시는 강남과 강북으로, 경기도는 대도시와 중소도시(1,2,3)로, 기타 도지역은 중소도시와 군지역으로 집락화(광역시는 한 개의 층으로 집락화)하였다. 초4 패널 목표 표본수를 2,200명으로 정하고, 각 시도별 층별 배분은 학급수를 기준으로 비례배분함에 따라 총 95개의 표본 학교 수 결정. 학교당 평균 80%의 유효응답률을 가정하여 전체 표본수 산정하였다. 이후 각 시도별 최소 표본 학교 수를 우선 할당한 후에 학생 수를 기준으로 비례 배분법으로 각 시도별 할당하여 27개 각 집락별로 각각 할당된 표본학교 추출하였다. 학교별 초등학교 4학년 학생수를 반영한 규모비례확률표집법(PPS) 적용하여, 시도별, 도시규모별 층 내에서 학급 수를 기준으로 확률비례추출법에 따라 표본학교 선정(단, 2개 학급 이상이고 학생수가 50명 이상인 학교만 선정. 만약 위와 같은 조건을 충족하지 않을 경우에는 바로 인접한 학교를 표본학교로 대체)하였다. 추출된 학교의 초등학교 4학년 학급수에서 난수를 발생시켜 1개 학급 무작위 추출(사전 학교 섭외과정에서 우열반 등 특별편성이 되어 있는 학급은 제외)하고, 추출된 학교 측의 조사협조 거절로 학교방문 조사가 불가능할 경우, 학교 리스트에서 추출된 학교의 아래, 위 학교 순으로 대체(학교거절을 고려해 사전에 2순위 대체 학교 추출. 2순위 학교에서도 조사가 불가능할 경우 3순위 학교로 대체)하였다. 자세한 표집에 대한 내용은 [KCYPS의 1~3차 조사 데이터 유저가이드]에 소개되어 있다.

설문지 작성법

설문지는 분석에 적합한 정보를 이끌어내기 위해 고안된 질문과 다른 유형의 문항들을 담고 있는 문서를 말한다. 설문지는 주로 서베이 조사에서 사용되기는 하지만, 실험, 현장조사, 그리고 다른 관찰방법에서도 사용된다.

(1) 설문지의 구성요소

응답상의 오류를 방지하고 필요한 정보를 포괄적으로 획득하기 위해서 설문지는 일반적으로 응답자에 대한 협조 요청, 식별자료, 지시사항, 설문문항, 응답자의 분류를 위한 자료 등 다섯 가지 요소로 구성된다.

(2) 설문의 형태

연구자들은 설문지의 두 가지 형태를 선택할 수 있다. 개방형 질문과 폐쇄형 질문이 여기에 해당한다.

개방형 질문 : 응답자가 자신의 말로써 답을 제공하도록 요구하는 질문형태이다. 심층적이거나 질적인 면접은 거의 전적으로 개방형 질문에 의존한다.

폐쇄형 질문 : 응답자가 연구자가 마련한 선택지 중에서 대답을 선택하도록 요청받는 서베이 질문형태이다. 폐쇄형 질문은 서베이 조사에서 매우 흔하게 실행되는 편인데, 그 이유는 이것이 응답의 통일성 측면에서 탁월하고 또한 보다 쉽게 처리할 수 있기 때문이다.

(3) 설문지의 질문을 만들기 위한 지침

문항의 명료화 : 설문지 문항이 명료해야 하고 애매해서는 안 된다. 연구자는 조사주제에 대해 분명히 알고 있지만 응답자는 그 주제에 대해 익숙하지 않을 수 있으며, 알고 있어도 피상적 수준에 머무를 수 있기 때문에 문항에 사용되는 용어나 문장이 명확해야 한다.

쌍렬식 질문의 회피 : 연구자는 응답자에게 실제로는 여러 부분으로 나누어진 한 개의 질문에 대해 하나의 대답을 요구하는 실수를 자주 하는 편이다. 따라서 연구자는 하나의 질문에 한 가지 내용만을 물을 수 있도록 유의해야 할 것이다.

응답자가 대답할 수 있는 능력을 보유 : 응답자들에게 정보제공을 위한 질문을 하는 경우, 과연 응답자들이 믿을 만하게 정보를 제공할 수 있을 것인가를 고려해야 한다.

응답자는 기꺼이 대답할 수 있어야 함 : 응답자가 자신이 알고 있는 사실을 연구자나 면접자와 공유하기를 꺼려 할 수도 있다. 이렇게 되면 서베이를 통한 연구가 원래 목적을 달성하기 어려울 수도 있다. 따라서 응답자가 설문지의 질문에 대해 솔직하게 대답할 준비가 되어 있는지가 매우 중요하며, 그렇게 하도록 자연스럽게 유도하는 과정이 매우 중요하다.

질문은 응답자와 관계가 있어야 함 : 질문지에 있는 질문들은 대부분의 응답자들과

관계가 있어야 한다. 응답자들이 별로 생각해 보지 않았거나 실제로 신경을 거의 쓰지 않는 주제에 대해 의견을 묻는다면 정확하지도 않고 별로 유용하지 않은 결과를 얻을 가능성이 높다.

문항이 짧을수록 좋음 : 응답자들이 문항을 쉽고 빠르게 응답할 수 있어야 한다. 그러기 위해서는 가급적이면 묻고자 하는 문항의 문장이 짧고 간결하면서도 명확해야 한다.

부정형 문항은 가급적 회피 : 설문지 문항에 부정어가 들어가면 응답자가 오해하기 쉽다. 따라서 응답자의 이해를 위해서 가능하면 문장에 부정어가 들어가지 않도록 하는 것이 좋다.

개인적 편견이 들어 있는 문항이나 용어의 회피 : 개인의 특정한 편견이 들어 있는 문항이나 용어를 사용한다면 응답자의 응답을 왜곡시킬 가능성이 존재한다. 여기서 응답의 왜곡은 측정되고 있는 것을 특정한 방향으로 잘못 대표하는 결과를 낳는 경향이 있는 측정기법의 특성을 일컫는 것이다. 따라서 연구자는 질문지의 문항을 만들 때 개인적 편견이 들어간 문항은 제외시켜야 하며 문항 속의 용어도 가치개입적 편견이 들어있는 용어는 피해야 한다.

(4) 설문지의 사전조사와 설문지 완성

설문지 초안이 완성되면 일단의 가상적인 응답자들을 대상으로 사전조사를 실시하여야 한다. 사전조사를 실시함에 있어서는 우선 설문조사를 실시할 모든 계층의 사람들을 대상으로 사전조사를 실시한다. 즉 모집단 속에서 양극단에 있는 응답자들까지 골고루 포함하여 실시한다.

또한, 연구주제에 대해 전문적인 지식을 갖고 있는 전문가집단에게도 사전조사를 실시하여 일반인들이 파악하지 못하는 문제점까지도 해결하도록 해야 한다.

이러한 사전조사를 통하여 문제점이 나타나면, 설문지를 수정한 후 다시 사전조사를 실시하는 과정을 반복하여 설문지를 확정한다. 이러한 모든 단계를 거친 후 완전한 형태를 갖춘 설문지가 완성된다. 이후에는 설문지를 인쇄 또는 복사함으로써 설문지의 작성과정이 끝나게 된다.

4 자료수집

자료수집방법은 자료를 얻는 방법이 얼마나 체계적인가, 자료수집의 목적을 응답자에게 알게 하는가, 실제로 어떤 방법을 통하여 자료를 수집하는가에 따라 몇 가지 방법으로 나눌 수 있다.

대인면접법

훈련을 철저히 받은 조사원이 직접 응답자와의 대면접촉을 통해 자료를 수집하는 방법으로 면접원은 우선 주제나 문제에 대해 설명을 하고 면접을 통해 주제에 대한 질문을 이끌어 가며 응답자의 반응을 기록하는 방식으로 진행된다.

대인면접법에는 가정에서의 면접, 쇼핑몰이나 거리를 지나가는 소비자들을 상대로 한 면접, 그리고 컴퓨터 앞에 앉아 스크린에 나타난 질문에 키보드나 마우스를 이용하여 응답하는 면접(CAPI : computer-assisted personal interview) 등이 있다.

CAPI의 경우 노트북, PDA, 스마트폰의 보급이 대중화되면서 최근에 사용이 늘어나고 있는데, 이는 노트북, PDA, 스마트폰을 보유한 연구자가 연구대상자를 직접 방문해서 일대일 면접을 진행하는 것이다.

전화면접법

전화면접법은 총선이나 대선투표 성향파악과 같은 긴급한 조사를 실시하거나 질문 내용이 짧을 때 전화를 이용하여 질문하고 면접원이 기록하는 방식이다.

우편조사법

우편조사법은 질문지를 표본추출된 피연구자에게 우송하여 기록케 한 후 우편을 회수하는 방법이다. 우송 시에는 반드시 주소와 반송 우표가 붙은 봉투를 동봉해야 한다.

집단면접조사법

집단면접조사법은 일정한 장소에 피연구자를 모아 놓고 설문지를 배포하여 응답을 구하는 방법이다. 주로 기존의 조직체를 대상으로 그 구성원들로부터 자료를 얻고자 하는 것이므로 그 조직체의 적절한 협력을 얻는 것이 급선무이다. 집단면접조사법은 조사를 위한 설명을 동시에 할 수 있어 조사조건이 균등해지고, 조사원의 수가 적어 비용이 절감되며, 시간이 절약되어 조사가 간편한 장점이 있어 가장 많이 이용된다.

KCYPS는 2010년 1차년도 패널구축에서는 학생의 경우 집단면접조사로, 보호자는 유치조사로 자료를 수집하고, 2차년도부터는 구축된 패널들에 대해 개별 면접 추적조사가 이루어졌다.

인터넷조사법

인터넷상에서 설문조사를 실시하여 정보를 수집하는 방법을 말한다. 이 방법에는 e-mail을 사용하는 방법, 홈페이지를 활용하는 방법, 전문조사사이트에 의뢰하는 방법 등이 있다. 이 중에서 홈페이지나 전문 조사 사이트를 이용하는 방법 중 가장 대표적인 경우가 컴퓨터 이용 자기 인터뷰(CASI : computer assisted self interview)인데, 이 방법은 인터넷상에 있는 질문에 대해서 응답자가 스스로 읽고 이에 대한 응답을 입력하는 것이다. 이 방법은 연구자 없이 진행되므로 자료의 신뢰성에 문제가 있을 수 있기 때문에 최근에는 자료수집과정에 연구자가 일정한 도움을 주는 CASIIP(computer assisted self interview with interviewer present)나 디지털 음성이나 테이프로 질문을 읽어 주는 audio-CASI 등이 개발되고 있다 .

5 자료분석

자료의 분석은 수집된 자료의 편집, 코딩과정을 거쳐 통계적 기법을 이용하여 이루어지게 된다. 자료의 분석은 주로 통계프로그램인 SPSS, SAS, STATA, AMOS, LISREL, HLM 등을 통해 이루어진다. 수집된 자료에 대한 분석이 끝난 후에는 이러한 결과에 대한 의미 있는 해석이 이루어져야 한다.

본서의 논문작성의 예에서 사용된 변수들은 다음과 같다.

통제변수로는 성별이 사용되었다. 독립변수는 각각의 이론을 바탕으로 크게 세 가지 항목으로 구분하여 사용하였다. 첫 번째 항목으로는 사회유대이론을 바탕으로 한 변수인 참여, 교사애착, 관여, 부모애착, 친구애착, 신념 총 6가지 사용하였다. 두 번째 항목은 사회학습이론을 바탕으로 한 변수인 긍정적 정의, 차별접촉-담배, 차별접촉-술 총 3가지를 사용하였다. 세 번째 항목은 일반긴장이론을 바탕으로 한 변수인 부정적 자극-충동성, 부정적 자극-우울감, 긍정적 자극소멸, 목표달성의 실패, 부정적 자극-불안감 총 5가지를 사용하였다. 마지막으로 종속변수는 청소년비행 항목 중에서 지위비행을 제외한 일반비행만을 종속변수로 한정하여 사용하였다.

[자료분석 선택방법]

구분	변수설명	stata 변수명	변수명(KCYPS)	측정
통제변수	성별	sex	q02w2	2점
독립변수	사회유대 참여	involvem	q08w2, q09w2	빈도/합
	교사애착	teacatta	q1716w2~q1720w2	5점/평균
	관여	commitme	qa1601s01w2~ qa1601s10w2	5점/평균
	부모애착	pareatta	qa2101w2~qa2104w2	5점/평균
	친구애착	peeratta	q2101w1~q2105w1	5점/평균
	신념	belief	q2401w2~q2404w2	5점/평균
	사회학습 긍정적 정의	definiti	q1706w2~q1710w2	5점/평균
	차별접촉-담배	peertoba	qa2301w2	변수명변경/횟수
	차별접촉-술	peeralco	qa2302w2	변수명변경/횟수
	일반긴장 부정적 자극-충동성	impulsiv	qa1808w2~qa1813w2	5점/평균
	부정적 자극-우울감	depress	qa1827w2~qa1836w2	5점/평균
	긍정적 자극소멸	removsti	p07w2	리코딩 (2,3,5,6=1)(1,4=0)
	목표달성실패	failgoal	p12w2	만원
	부정적 자극-불안감	anxiety	qa1814w2~qa1821w2	5점/평균
종속변수	일반비행	total-ju	qa2005aw2~qa2013aw2	빈도/합

6 보고서 작성

조사보고서는 조사결과를 조사 의뢰자에게 그들의 조사목적에 도움이 되도록 문자나 도표로 정리해 놓은 것이다. 보고서는 일정한 포맷이 없으며 독자의 성격 등을 고려하여 그 양식을 결정해야 한다.

Stata

CHAPTER 03

예비분석

CHAPTER 03 예비분석

1절 개 요

일반적으로 하나의 변수를 사용한 분석을 일원분석(univariate analysis) 두 개의 변수를 동시에 사용하면 이원분석(bivariate analysis)이라 하며 어떠한 현상에 대한 상호관계를 두 개 이상의 변수를 동시에 사용하여 분석하는 방법을 다변량분석(multivariate analysis) 또는 다원적 통계분석이라고 한다. 특히 사회과학 분야에서는 복잡한 사회현상을 이해하기 위하여 다변량분석을 많이 사용하고 있으며 그 방법 또한 점점 더 복잡해지고 다양해지고 있다. 이에 따라 데이터의 구조 또한 복잡하고 그 크기도 커지고 있다.

올바른 통계분석을 위하여 복잡한 데이터를 이해하고 익숙해지는 것은 매우 중요한 부분이다. 예비분석(pre-analysis)은 데이터분석에 앞서 먼저 고려해야 할 아주 기초적인 단계로 다변량통계분석을 위한 준비단계라고 볼 수 있다. 하지만 많은 시간을 투자해야 하기 때문에 이 부분을 무시하고 준비가 안 된 상태에서 곧바로 통계방법을 적용하는 경우가 있어 문제가 되고 있다. 신뢰도가 높은 분석과 연구의 질적 향상을 위해 다변량분석(multivariate analysis)에 앞서 다양한 가정(assumptions)들을 고려해야 한다. 만약 그렇지 못할 경우 통계분석결과는 실제와 다르게 편향되거나 왜곡될 수 있다. 이렇게 연구자가 고려해야 할 가정들은 통계방법을 적용하기 전(prior)과 후(post)로 나뉜다.

통계기법을 적용하기 전 단계에서 고려하여야 할 가정들을 예비분석 가정(pre-analysis assumptions)이라고 하며 어떠한 통계방법을 적용하였을 때 고려해야 할 가정들을 사후분석 가정(post-analysis assumptions)이라 한다. 일반적으로 예비분석 가정(pre-analysis assumptions)은 데이터 스크리닝(data screening), 예비분석(preliminary analysis/pre-analysis), 데이터 탐색(exploring data) 또는 데이터 검사(examining data)라고 불리기도 한다.

예비분석 가정은 데이터분석에 앞서 고려해야 할 매우 중요한 기초적인 단계로 많은 시간을 필요로 하며 대부분의 다변량분석에 기본적으로 적용되는 가정들이기 때문에 반드시 점검해야 할 사항들이나. 이것은 통계방법을 적용하기에 앞서 분석결과에 영향을 줄 수 있는 부분을 점검하는 단계인 반면 사후분석 가정(post-analysis assumptions)은 분석 후 적용되는 가정들로 데이터가 연구모델에 얼마나 적합한지를 점검하며 일반적으로 모형적합도(overall model fit)라고 한다. 각각의 통계방법에 따라 모형적합도를 측정하는 서로 다른 가정들이 있다. 이 장에서는 연구자가 연구목적에 맞는 적절한 다변량분석방법을 적용하기 전 단계에서 고려해야 할 다양한 가정들을 살펴보기로 한다.

2절 목 적

어떤 통계방법을 적용하기 전 예비분석을 실시하는 목적은 크게 두 가지로 나눌 수 있다. 첫 번째는 데이터 코딩(coding)단계에서 연구자가 조사하려는 것을 정확하게 수집했는지 여부를 점검해보는 단계이다. 연구결과에 영향을 줄 수 있는 잘못 입력된 값을 찾아내고 수정하는 단계로 데이터 수집 목적에 맞게 데이터 값이 정확하게 입력되었는지를 확인한다. 예를 들어 입력된 값에 가외치(outliers) 또는 결측값(missing value)이 존재하는지 확인해야 한다. 만약 이런 잘못 입력된 값들이 관측되었다면 발생 원인을 파악하고 적절한 대처를 해야 한다.

두 번째는 다변량분석(multivariate analysis)을 사용할 경우 일반적으로 적용되는 가정들을 점검해야 한다. 물론 통계방법마다 서로 다른 고유의 가정들 사후분석 가정을 충족시켜야 하지만(통계방법마다 고유의 가정들은 챕터별로 따로 논의함) 분석 전 단계에서 공통적으로 적용되는 가정들을 고려해야 한다. 일반적으로 정규분포성(normality), 선형성(linearity) 그리고 등분산성(homogeneity / homoscedasticity)등 세 가지가 있으며 이 중 하나라도 위반이 될 경우 분석결과는 사실과 다르게 편향되거나 왜곡될 수 있다.

3절 결측값

1 개 요

결측값은 관찰이 되지 않은 값이나 설문지에 응답을 하지 않은 값을 말하며 대부분의 데이터는 결측값(missing value)을 포함하고 있다. 이러한 결측값은 무작위로 생기는 자연적인 것으로 인식하는 경우가 많다. 하지만 실제로 그렇지 않은 경우가 있어 분석결과에 영향을 준다. 결측값은 수집과정에서의 오류나 무응답 등 여러 가지 원인으로부터 나타나며 표본의 대표성 문제로 연결되기 때문에 다변량통계방법의 궁극적인 목적인 일반화(generalization)에 심각한 문제를 일으킨다.

2 발생원인

결측값은 다양한 원인에 의해서 발생하며 이것은 크게 두 가지로 요약할 수 있다. 첫째, 연구자에 의해서 발생하는 것으로 코딩단계에서 이루어지는 것을 말한다. 둘째, 연구대상자에 의해서 발생하는 것을 말하며 설문지의 잘못된 이해(설문지의 오류) 또는 개인적인 프라이버시 문제로 응답을 꺼려하기 때문에 나타난다. 예를 들어 범죄경력 등 민감한 질문일수록 연구대상자가 응답을 거절하거나 '잘모르겠다' '해당사항이 없다' 등으로 응답하는 경우가 많기 때문에 나타난다. 일반적으로 연구자에 의해서 발생하는 결측값은 사전에 예방이 가능하고 수정이 용의한 반면 연구대상자에 의해서 발생하는 결측값은 처리하기가 어렵다. 그러므로 결측값의 발생 원인을 빨리 파악하고 어떠한 형태로 분포되어 있는지 패턴을 확인한 뒤 어떻게 처리해야 할지 결정해야 한다. 대체적으로 결측값이 어떠한 패턴을 이루고 있을 경우 문제가 발생하기 때문에 결측값의 패턴 존재 여부를 먼저 파악하는 것이 중요하다.

3 처리방법

결측값을 처리하는 방법은 여러 가지가 있다. 먼저 결측값의 존재를 무시할 수 있는지 여부를 판단해야 한다. 일반적으로 약 10% 미만의 결측값이 무작위로 존재할 경우 무시해도 되지만 어떠한 패턴을 가지고 있다면 무시하면 안 된다. 예를 들어 비흡연자에게 흡연횟수를 물어본다면 대체적으로 무응답 처리될 수밖에 없기 때문에 결측값이 무작위로 발생하지 않고 어떠한 패턴을 가지게 된다. 만약 무작위로 분포하고 있다 하여도 10% 이상을 포함할 경우 무시하면 안 된다.

연구자가 결측값의 존재를 무시할 수 없다면 적절한 방법을 사용해서 결측값을 처리해야 하며 치료방법에는 크게 두 가지로 요약된다. 첫째, 결측값을 제거하는 방법이다. 이것은 가장 단순하게 접근할 수 있는 방법으로써 약 10% 미만일 경우 제거할 수 있는 대상이 된다. 또한 결측값이 종속변수일 경우에는 독립변수와의 상호관계가 왜곡될 가능성이 높기 때문에 일반적으로 제거를 한다. 하지만 결측값의 크기가 클 경우 표본크기가 줄어드는 문제가 발생하여 제거하는 데 무리가 따르며 연구목적에 중요한 역할을 하는 변수일 경우 더욱더 제거할 수 없는 상황이 발생하기 때문에 다른 방법을 사용하여 처리를 해야 한다.

두 번째는 다른 값으로 대치(imputation)시키는 방법이다. 대지시키는 방법에는 결측값의 패턴 또는 상황에 따라 다양한 방법을 사용할 수 있다. 다른 케이스의 값으로 변형시켜 주는 Hot or cold deck imputation 또는 Case substitution이 있으며, 새로운 값을 산출(calculating values)하여 대치시키는 평균값 대치(mean substitution) 또는 회귀분석 대치(regression imputation)가 있다. 먼저 새로운 값을 산출하여 대치시키는 접근방법은 표본으로부터 값을 산출하기 때문에 가장 많이 사용되는 방법이며 그중에서도 평균값 대치 방법을 가장 많이 선호한다.

사실상 결측값을 판단하고 적절한 처리 방법을 선택하는 가장 좋은 방법은 사전지식(prior knowledge)을 이용하여 판단하는 것이지만 이것은 실제로 연구자가 데이터 수집에 참여하거나 연구 분야에 전문성을 띠고 있어 연구에 사용되는 변수들과 모집단의 성격을 잘 알고 있어 데이터와 익숙해져 있을 때 가장 적절한 방법을 선택할 수 있게 된다. 하지만 이런 사전지식이 없을 경우 평균값으로 대치하는 것이 적절한 방법이다. 평균값 대치는 상대적으로 간편하기 때문에 많이 사용하고 있지만 실제 값(모집단의 값)과 평균값(표본의 값)이 서로 다를 수가 있기 때문에 범위(range), 분산(variance), 표준편차(standard deviation) 등에 영향을 줄 수 있는 단점이 있다. 결측값 처리를 어떻게 해야 할지 판단하는 것은 쉬운 일이 아니다. 이것은 데이터를 분석하고 해석하는 연구 목적과 얼마나 데이터에 익숙해져 있느냐에 달려 있다.

4절 가외치

1 개 요

가외치(outlier)는 관측 또는 측정된 값(value)이 다른 값과 많은 차이를 보이거나 독특한 값을 가지고 있는 것을 말한다. 여기서 독특한 값이란 흔치않게 값이 높거나 또는 낮은 값을 나타내고 있어 다른 값보다 두드러지는 것을 의미한다. 예를 들어 가계소득을 알아보기 위해서 한 달 소득을 조사하였다. 서른 명의 소득범위가 100만원에서 1,000만원 사이로 나타났으며 평균값이 350만원으로 나타났다. 하지만 31번째 대상자의 소득이 1억원이라면 평균값은 350만원보다 훨씬 높게 나타날 것이다. 가외치도 분명 유효한 값이긴 하지만 어떤 값이 모집단을 대변할 수 있는 평균값인지를 평가하여 유지해야 할지 아니면 제거해야 할지를 판단해야 한다. 대부분의 통계방법들은 가외치에 매우 민감하며 이러한 값들이 결과를 왜곡시키며 변수들 사이에 상관관계에도 영향을 준다. 그러므로 분석결과에 영향을 줄 수 있는 비정상적이거나 극한값을 예비분석(pre-analysis)단계에서 처리해주는 것은 중요한 부분이다.

2 발생원인

가외치의 발생원인은 크게 세 가지로 구분할 수 있다.

첫째, 데이터 입력단계에서 에러가 발생했을 경우다. 이것은 연구자가 실수로 값을 입력했을 때 나타날 수 있으며 초기단계에서 식별이 가능하다. 그렇지 않을 경우 결측값으로 분류되어(결측값의 발생원인과 유사하기 때문에) 결측값 점검 단계에서 제거되거나 다른 값으로 대치되기도 한다.

둘째, 정확한 값이 입력이 되었지만 일반적이지 않은 흔치않은 사건에 의해 나타난 결과이다. 예를 들어 범죄에 대한 두려움 조사과정에 특정인물에게 범죄사건 피해가 발생했다고 가정해보자. 보편적으로 나타날 수 있는 범위를 벗어난 극단적으로 높은 값이 나올 가능성이 높다. 이런 값은 일반적으로 나타날 수 있는 평범한 모집단의 범죄에 대한 두려움연구에 잘못된 결과를 보여줄 것이다. 연구자는 이러한 평범하지 않은 사건으로 인해 나타날 수 있는 것들이 연구목적에 적합한지를 판단하여 가외치를 유지할지 삭제할지를 판단해야 한다.

셋째, 설명하기 힘든 평범하지 않은 관찰 값이다. 이것 또한 모집단의 대표성을 나타내는 값이면 유지해야 하겠지만 그렇지 않을 경우 삭제해야 한다.

3 진단방법

가외치는 일원적(univariate), 이원적(bivariate) 또는 다원적(multivariate), 종속변수 또는 독립변수, 연속변수(continuous variables) 또는 이분변수(dichotomous variables)등 모든 상황에서 존재할 수 있다. 이원적 가외치(univariate outliers)는 극단 값이 하나의 변수에 영향을 줄 수 있지만, 일원적 분석(bivariate analysis) 또는 다원적 가외치(multivariate outliers)는 그 이상의 변수에 영향을 줄 수 있다. 가외치(outliers)는 다양한 방법으로 진단할 수 있으며 통계적 방법(statistical method)과 그래픽 방법(graphical method)으로 접근할 수 있다.

통계적 접근방법

일반적으로 일원적변수의 가외치는 z 값을 통해 진단해 볼 수 있다. 만약 샘플이 정규분포를 띠고 있다면 약 99%의 값이 평균으로부터 표준편차 ±3.0 범위 사이에 들어올 것이다. 하지만 z 값이 표준편자 3보다 크거나 −3 보다 작으면 가외치로 고려해도 된다. 일반적으로 표본의 크기가 100 미만일 경우 표준편차 ±2.5까지 가외치라 하고, 표본크기가 100 이상일 경우에는 표준편차 ±4.0 범위 이외의 값을 가외치로 간주한다.

하지만 대부분의 다변량분석은 두 개 이상의 변수를 사용하기 때문에 일원적 방법으로는 다차원적(multidimensional)분포를 표시할 수가 없어 가외치를 분석하는 것으로 적절치 않다. 다변량분석에서의 가외치는 Mohalanobis Distance(Mohalanobis D2)를 통하여 구분할 수 있다. Mohalanobis Distance는 다차원적 공간에서 각각의 관측 값의 거리를 전체평균값으로부터 측정하기 때문에 여러 가지 변수를 동시에 관측할 수 있는 장점이 있어 다변량통계분석에서 가외치를 측정하는 데 유용하게 쓰인다. Mohalanobis Distance 값은 변수의 수(degree of freedom)를 나누어(D2/*df*) 값을 산출해 낸다. 표본크기가 작을 때는 D2/*df* 값이 2.5를 초과하면 가능성 있는 가외치로 간주하며 표본크기가 클 때는 3 또는 4를 초과할 경우 가외치로 간주한다.

그래프를 이용한 방법

그래프를 이용한 방법에는 Box Plot이 있다. 이것은 박스를 통해 일사분위(25%), 이사분위(50%), 즉 중앙값(median), 삼사분위수(75%)를 나타내는 방법으로 박스 위아래로 각각의 선이 뻗어 나가며 끝 지점에 펜스(fence)가 있어 최솟값과 최댓값을 알 수 있다. 위아래로 그어져 있는 펜스는 독특한값을 파악하기에 유용하며 펜스를 넘어가는 값은 각각 점으로 표시되며 이것을 가외치로 간주한다. 산점도(scatterplots)는 가외치를 점검할 수 있는 이원적인 접근방법으로 두 개의 변수를 동시에 진단할 수 있는 장점이 있다. 산점도는 두 변수의 관측값의 퍼진 정도를 말하며 두 변수의 산점도는 X Y 평면에 표시가 되고 관측값의 분포에 따라 타원이 형성되는데 이것을 벗어나면 가외치로 간주한다.

4 처리방법

가외치의 처리방법은 간단하다. 실수로 입력된 극단의 값이 아니라면 제거하는 방법이 적절하다. 가장 중요한 것은 가외치의 가능성을 갖고 있는 값을 유지하느냐 제거하느냐를 판단하는 것이다. 일반적으로 입력된 값(극단적인 값을 보이고 있는 값)의 의미 또는 특성을 이해하지 못하면 제거해야 한다. 단하나의 극단적인 값(가외치로 볼 수 있는 극단적이 하나의 값이)이 실제와 다른 결과를 나타낼 수 있기 때문에 연구의 대상이 되는 모집단, 표본 그리고 변수들을 충분히 이해하고 적절한 판단을 해야 한다.

5절 정규분포

1 개 요

앞서 논의했듯이 다변량분석에 일반적으로 고려해야 할 세 가지 가정(정규분포성, 선형성, 등분산성)들이 있다. 첫 번째는 표본의 정규분포(normal distribution)로 사회학 분야뿐만 아니라 대부분의 학문에서 널리 사용되고 있다. 정규분포는 표본 데이터가 분포되어 있는 모양을 말하며 대부분 종 모양(bell shaped) 또는 정규곡선(normal curve)을 띠고 있는 것을 말한다.

사회현상이나 자연현상의 분포는 정규분포와 비슷한 형태를 띠고 있기 때문에 연구자가 실제로 알고 싶어 하는 연구대상(모집단)도 정규분포를 띠고 있을 것이라는 가정이다. 하지만 이것은 어디까지나 통계적 이론으로 표본의 정규분포를 가정하는 것이지 모집단의 분포와 정확히 일치되는 경우는 거의 없다. 표본의 크기가 커질수록 데이터 분포의 곡선은 완만한 정규곡선(종 모양)에 가까워지며 이것은 표본의 분포가 모집단과 유사할 것이라고 추측하기 때문에 정규분포의 원리를 적용하는 것이다. 정규분포는 다변량통계분석을 적용할 때 기본적으로 고려해야 할 사항으로 추리통계(inferential statistic)에서 수학적으로 유도된 가장 중요한 가정들 중에 하나로 통계적 추리(statistical inference)를 향상시키는 역할을 한다.

2 진단방법

정규분포는 통계방법(statistical method) 또는 그래프방법(graphical method) 등 다양한 방법으로 진단을 할 수 있다. 일원적(univariate) 정규분포는 쉽게 진단할 수 있으나 다원적(multivariate) 정규분포는 상대적으로 어렵다. 이런 이유로 대부분의 정규분포 테스트는 일원적인 방법을 많이 사용한다. 상식적으로 다원적으로 정규분포를 띠고 있다면 각각의 변수들은 일원적으로 정규분포를 띠고 있을 것이다. 하지만 반대는 항상 맞는 것은 아니다. 만약 일원적으로 정규분포를 띠고 있는 각각의 변수를 통합하면 항상 다원적으로 정규분포를 띠는 것은 아니다. 다원적 정규분포를 확신할 수는 없지만 각각의 변수들이 일원적으로 정규분포를 띠고 있다면 이것으로 충분하기 때문에 일원적 정규분포를 충족시키면 다원적 정규분포를 따로 점검을 하지 않는다. 하지만 통계방법에 따라 다원적 정규분포를 충족시켜야만 하는 상황이 있어 꼭 필요할 때만 사용한다.

통계적 접근방법

일원적 정규분포를 테스트하기 위해서 왜도계수(skewness coefficients)와 첨도계수(kurtosis coefficients)를 사용한다. 왜도계수는 자유도의 양적인 측정으로 평균값의 대칭적인 분포(symmetry of a distribution)를 나타내며 첨도계수는 뾰쪽한 정도의 분포(peakedness of a distribution)를 나타낸다. 왜도계수와 첨도계수 모두 0의 값을 나타낼 때 종 모양의 대칭적인 정규곡선을 띠고 있다고 말한다. 만약 왜도계수(skewness coefficients)값이 0보다 작은 값을 나타내면 오른쪽으로 긴 꼬리 부분을 띠고 있다. 이것은 관측값이 주로 오른쪽에 모여 있기 때문에 정적 편포(positive skew) 또는 우편포(right skewed)라고 한다. 왜도계수 값이 0 보다 큰 값을 나타내면 왼쪽으로 긴 꼬리 부분을 띠고 있다. 반대로 관측값이 주로 왼쪽에 모여 있기 때문에 부적 편포(negative skew)또는 좌편포(left skewed)라고 부른다. 일반적으로 표본이 작을수록 이런 현상이 나타난다.

첨도계수(kurtosis coefficients)역시 정규분포를 나타내는 값이며 0 보다 클 때 뾰쪽하고 얇은 꼬리모양의 분포곡선을 띠고 있다. 이것은 Leptokurtosis라고 하며 관측값이 좁고 높게 모여 있는 현상으로 대표값 주위에 더 많이 밀집되어 있는 것을 말한다. 반대로 값이 0보다 작을 때는 평평한 분포곡선을 가지며 Platykurtosis라고 한다. 이것은 관측값이 한쪽에 밀집되어 있지 않고 넓게 퍼져있음을 의미 한다. 다음으로 일원적 정규분포 테스트로 많이 사용하는 방법이 Kolmogorov Smirnov Statistic이다. 만약 Kolmogorov Smirnov Statistic 값이 귀무가설을 채택할 경우 정규분포를 띠고 있다고 하며 기각할 경우 정규분포를 띠고 있지 않다고 한다.

그래프를 이용한 방법

정규분포는 다양한 그래프방법을 통하여 점검할 수 있다. 가장 먼저 쉽게 정규분포를 이해할 수 있는 방법은 눈으로 직접 확인하는 것이다. 히스토그램과 줄기와 잎

(stem and leaf diagram)은 일원적 정규분포(하나의 변수)를 점검할 수 있는 방법으로 데이터 분포의 모양을 눈으로 쉽게 알아볼 수 있는 장점이 있다. 히스토그램은 계량적 변수(metric variables)를 점검할 수 있는 방법으로 빈도분포의 값을 기둥 모양의 그래프로 나타내는 방법으로 변수분포의 모양을 보여준다. 줄기와 잎(stem and leaf diagram)은 히스토그램이 변형된 것으로 같은 기능을 하지만 추가적으로 변수의 실제 값을 볼 수 있다. 이렇게 간단하게 점검할 수 있는 방법이지만 샘플 사이즈가 작을 때는 문제가 발생한다. 좀 더 믿을 만한 방법으로 정규화 P-P산점도(normal probability plot)가 있다.

3 처리방법

정규분포성을 위반하였을 때 처리하는 가장 좋은 방법은 데이터 변형(data transformations)이다. 데이터 변형은 수학적인 방법을 통해 데이터 값을 변형해 주는 것이다. 데이터 변형을 하는 이유는 크게 두 가지가 있다. 첫째, 다변량분석(multivariate analysis)에서 요구되는 통계적인 가정을 위반하였을 때 가정을 충족시키기 위해서 사용한다. 둘째, 변수들 사이의 관계(relationship) 또는 상관관계(correlation)를 높여주기 위해서 사용한다. 데이터 변형은 데이터의 모양에 따라 다양한 방법이 존재한다. 예를 들어 정규분포를 약간 위반하였다면 Square root를 사용하지만 심하게 위반하였을 경우 Log 변형을 사용한다. 경우에 따라서 Inverse 또는 Reflect를 사용하기도 한다. 하지만 현실적으로 사회과학분야의 데이터가 완벽한 정규분포를 띠는 경우는 드물기 때문에 심하게 정규분포성을 위반하지 않으면 크게 문제시하지 않는다.

6절 선형성

1 개 요

두 번째로 고려해야 할 사항은 선형성(linearity)이다. 선형성은 두 변수 사이에 선을 도출해 변수들 간에 관계 정도를 묘사하는 방법으로 두 변수 사이에는 선형(linear) 관계가 유지되어야 한다는 가정이다. 독립변수와 종속변수가 선형관계에 있어 독립변수가 한 단위 증가(또는 감소)할 때 종속변수는 선형적으로 한 단위 증가(또는 감소)하는 정규분포로 이루어져 있어야 한다. 많은 다변량분석(multivariate analysis) 통계방법(예를 들어 다중회기분석, 로지스틱 회기분석, 요인분석, 구조방정식 등)이 변수들 간에 선형적인 상관관계를 기초로 분석하기 때문에 선형성에 대한 가정은 매우 중요한 부분 중에 하나이다. 상관관계가 두 변수 사이에 선형관계를 묘사하며 비선형관계는 상관관계를 나타내지 않기 때문이다.

2 진단방법

일반적으로 선형성을 진단하기 위해 산점도(scatterplots)를 많이 사용한다. 산점도는 두 변수의 관측 값의 퍼진 정도(분포도)를 보여주기 때문에 선형성 또는 비선형성을 진단하는 데 도움이 된다. 게다가 대부분의 통계프로그램이 선형관계를 직선(straight line)을 추가로 도출하여 관계를 보여주기 때문에 비선형성을 쉽게 알아볼 수 있다. 만약 두 변수가 정규분포곡선을 띠고 있으며 선형관계를 충족한다면 산점도의 모양은 타원형(elliptical) 모양을 나타낸다. 반대로 두 변수가 정규분포곡선을 띠지 않고 비선형관계를 나타낸다면 산점도의 모양은 타원형 모양을 띠지 않을 것이다. 두 번째는 단순회기분석(simple regression)을 사용하여 잔차(residuals)를 점검하는 것이다(제6장 다중회기분석을 참조). 잔차는 종속변수의 설명되어지지 않은 부분을 반영하기 때문에 잔차를 통해 비선형관계를 알아볼 수 있다.

3 처리방법

비선형성을 처리하는 가장 좋은 방법은 하나 또는 두 개의 변수 모두 변형(transformation)시켜 주는 것이다. 일반적으로 Log 또는 Square root를 사용하여 수학적으로 데이터를 변형시켜 준다.

7절 등분산성

1 개 요

다변량분석에서 마지막으로 고려해야 할 가정은 등분산성(homoscedasticity)이다. 등분산성(homoskedasticity)은 종속변수의 표준화된 잔차와 독립변수 사이의 산점도의 모양이 특정한 형태를 보이지 않을 때 등분산성이 존재한다고 말한다. 다시 말해 오차항의 분산이 일정 또는 동일해야 한다는 가정이다. 하나의 연속변수(continuous variable)의 변동성(variability)또는 분산(dispersion)은 모든 다른 연속변수와 비교적 같다고 가정한다.

예를 들어 일원적 등분산성에서 하나의 연속변수로 이루어진 종속변수는 모든 다른 독립변수와의 변동성은 거의 일치할 것이라고 정한다. 만약 그렇지 않다면 이것은 이분산성(heteroscedastic)이라고 한다. 이분산성은 회귀모델의 기본 가정 중에서 잔차의 분산이 일정하다는 가정이 깨어진 경우로 독립변수에 따라서 잔차분포의 분산이 변하는 것을 말한다. 예를 들면 X변수가 변할 때 Y변수의 흩어진 정도가 거의 같은 정도를 유지해야 등분산성이 존재한다고 할 수 있다. 반대로 X변수가 변함에 따라 Y변수들의 흩어지는 폭이 넓어진다거나 X변수가 변화하는 폭이 좁아지는 경향을 이분산성이라 한다. 등분산성과 이분산성의 관계를 나타낸 그래프는 [그림 3-1]과 같다.

[그림 3-1]

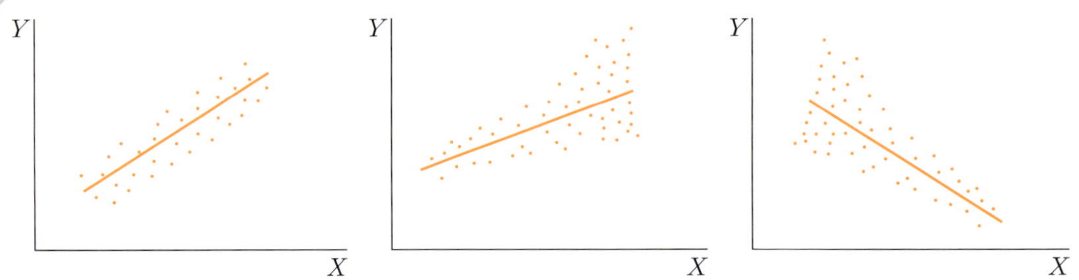

(a) 등분산성인 경우 (b) 이분산성인 경우 (c) 이분산성인 경우

2 진단방법

등분산성은 통계적인 방법과 그래프를 이용한 방법을 사용할 수 있다. 먼저 이원적 분석에서 등분산성은 레빈 검증(Levene's test)를 이용하여 진단할 수 있다. 만약 유의수준이 .05보다 작을 경우(i.e., $p<.05$), 즉 영가설을 기각할 경우 등분산성을 충족시킨다. 다원적분석에서는 Box's M test를 통하여 등분산성을 확인할 수 있다. Box's M test 역시 유의수준이 .05보다 작을 경우(i.e., $p<.05$), 즉 영가설을 기각할 경우 등분산성을 충족시킨다. Box's M test는 정규성 가정에 굉장히 민감하다. 만약 영가설을 기각하여 등분산성의 가정을 충족하여도 비정규성을 띠고 있기 때문일 수도 있다. 그러므로 Box's M test를 실행하기 전에 정규성 검사를 먼저 하는 것이 좋다.

등분산성은 그래프를 통해서도 확인해볼 수가 있다. 이원적 산점도(univariate scatterplots)을 이용하여 직접 확인할 수 있다. 회귀모델의 등분산성 문제를 검증하기 위한 직관적인 방법으로 잔차 그래프를 살펴보는 것도 좋은 방법이 된다. 즉 등분산성의 원칙이 존재하려면 [그림 3-1]의 (a)처럼 독립변수 X가 변할 때 종속변수 Y의 흩어진 정도가 거의 같은 정도로 유지해야 한다.

3 처리방법

등분산성은 정규성과 연관성이 있기 때문에 만약 정규성을 충족시키면 두 변수는 등분산성을 나타낼 것이고 등분산성을 띠고 있지 않다면 둘 중에 하나는 정규성을 띠지 않을 것이다. 따라서 정규분포성을 위반하였을 때 사용되는 처리 방법과 동일하게 사용된다.

8절 기본가정 검토의 예

1 가외치 검토

Graphics > Box plot

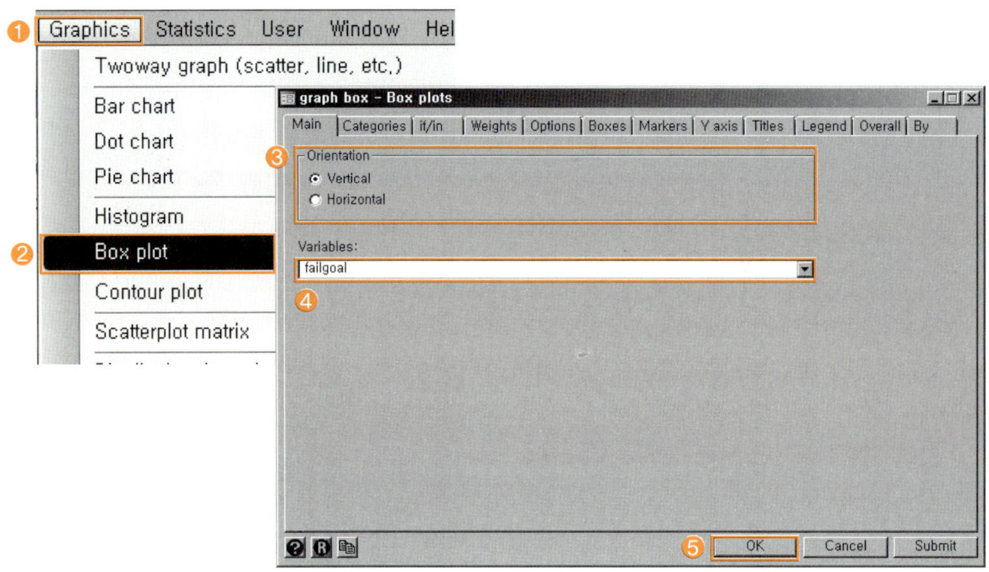

❶ 메뉴 중 Graphics를 클릭한다.
❷ 하단에 창이 열리면 Box plot을 클릭한다.
❸ 새 창이 열리면 그래프의 방향을 설정한다.
❹ 그래프로 확인할 변수를 입력한다.
❺ OK를 클릭한다.

연속변수에서 가외치는 통계분석에서 결과값을 왜곡시키는 중요한 원인이 된다. 평균과 너무 떨어져 있는 가외치를 진단하는 방법은 통계적 접근과 그래프를 이용한 접근이 있는데 다음에서는 가외치 진단에서 가장 많이 활용되는 Box plot에 대해 설명한다.

[그림 3-2]

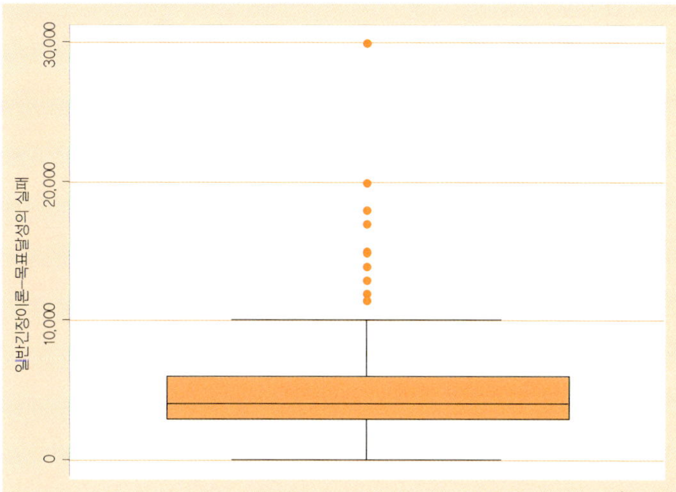

분석결과에 나온 그림에서 박스 위 아래의 펜스를 넘어선 관측값들이 보인다. 이러한 값들은 가외치로 간주되는 것들이다. 연구자는 펜스를 넘어선 관측값들의 의미를 고려하여 분석에 포함할 것이지 아니면 가외치를 제거할 것인지를 판단해야 한다. 일반적으로 사회과학 연구에서는 가외치를 제거하는 방법이 사용된다.

2 정규분포 검토

사회과학연구에서 연구자는 연구대상인 모집단이 정규분포를 띠고 있을 것이라고 가정한다. 표본의 크기가 커지면 당연히 모집단과 동일한 분포를 가지겠지만, 표본을 추출하여 모집단의 값을 추론하는 통계방법에서는 정규분포의 기본가정이 매우 중요하다. 정규분포를 진단하는 방법은 통계적 접근과 그래프를 통한 접근이 있다. 먼저 통계적 접근을 통해 정규분포성을 검토해 보자.

Statistics > Summaries, tables, and tests > Summary and descriptive statistics > Summary statisticscs

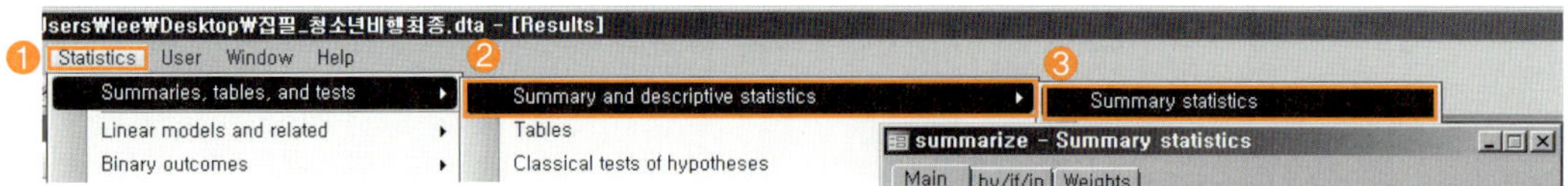

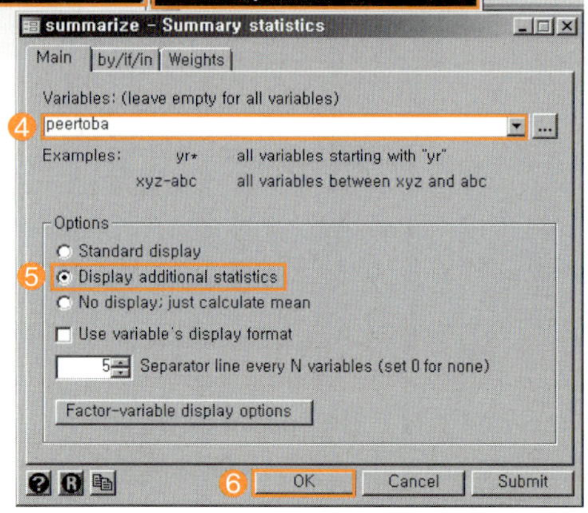

❶ 상단에 메뉴바 중 Statistics 클릭한 후 Summaries, tables, and tests 클릭한다
❷ Summaries, tables, and tests을 클릭하면 우측에 창이 열릴 것이다.
❸ 우측에 메뉴 중 Summary statisticscs 클릭한다
❹ 새창이 열리면 값을 확인할 변수를 입력한다.
❺ display additional statistics 옵션을 체크한다.
❻ OK를 클릭한다.

summarize [varlist] [, detail]
①　②

정규분포성 검증을 통계적으로 변수의 형태를 검증하는 명령어는 summarize이다. stata에서 사용되는 summarize의 명령문 구조는 다음과 같다. ①은 그래프를 통해 확인하려는 변수명을 말한다. ②는 변수의 형태를 확인할 수 있는 옵션으로 이 명령어를 통하여 왜도와 첨도값도 변수의 분포를 확인할 수 있다. 이외에도 옵션에서는 mean, f, sep... 등이 있으니, 공식매뉴얼을 통해서 학습하길 바란다.

```
. summarize peertoba, detail

                          peertoba
-------------------------------------------------------------
      Percentiles      Smallest
 1%            0              0
 5%            0              0
10%            0              0       Obs                2279
25%            0              0       Sum of Wgt.        2279

50%            0                      Mean           1.060114
                        Largest       Std. Dev.      3.344223
75%            0             30
90%            3             30       Variance       11.18383
95%            5             33       Skewness       6.084927
99%           20             50       Kurtosis       53.54735
```

예제와 같이 일원적 정규분포에 대해 통계적 접근을 통한 진단하는 방법으로 왜도와 첨도의 계수값을 활용한다. 사회학습이론의 하위개념인 차별적 접촉을 흡연횟수로 측정한 peertoba 변수의 왜도 계수는 6.085, 첨도 계수는 53.55로 모두 '0'보다 크다. 먼저 왜도 계수가 '0'보다 크기 때문에 변수들의 관측값이 주로 왼쪽에 모여 있는 부적편포(negative skewness)이다. 즉 점수분포가 왼쪽으로 치우쳐 오른쪽으로 긴 꼬리의 형태로 나타난다. 첨도 계수 역시 '0'보다 크기 때문에 뾰족한 형태를 가진다는 정보를 얻을 수 있다.

위에서 통계적 접근을 통한 정규분포성 검증을 그래프를 통해 확인해 보자.

Graphics > histogram

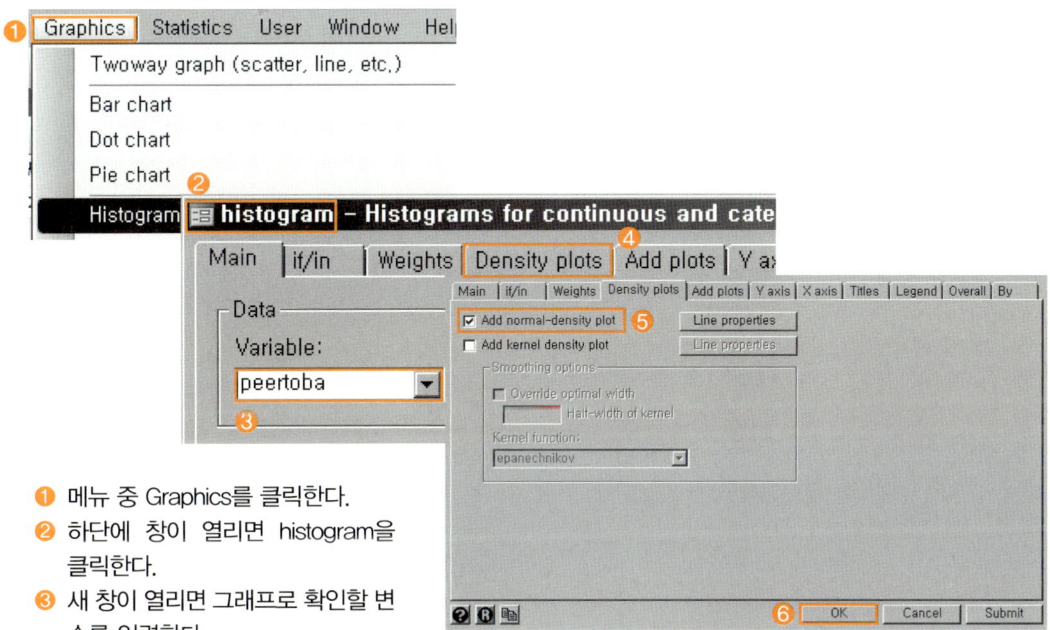

❶ 메뉴 중 Graphics를 클릭한다.
❷ 하단에 창이 열리면 histogram을 클릭한다.
❸ 새 창이 열리면 그래프로 확인할 변수를 입력한다.
❹ 새 창의 메뉴 중 Density plots를 클릭한다.
❺ 박스를 체크하여 정규분포곡선을 추가한다.
❻ OK를 클릭한다.

histogram varname, [normal]
① ②

정규분포성 검증을 위해서 가장 많이 사용되는 그래프는 히스토그램이다. stata에서 사용되는 히스토그램의 명령문 구조는 다음과 같다. ①은 그래프를 통해 확인하려는 변수명을 말한다. ②는 가장 기본적으로 많이 쓰이는 옵션으로 그래프와 함께 정규분포곡선을 추가해 달라는 명령어이다. 이외에도 옵션에서는 den, frac... 등이 있으니, 공식매뉴얼을 통해서 학습하길 바란다.

위의 예제와 같이 peertoba 변수에 대한 정규분포성을 막대그래프를 보면 통계적 접근을 통해 알려진 정보를 시각적으로 확인할 수 있다.

[그림 3-3]

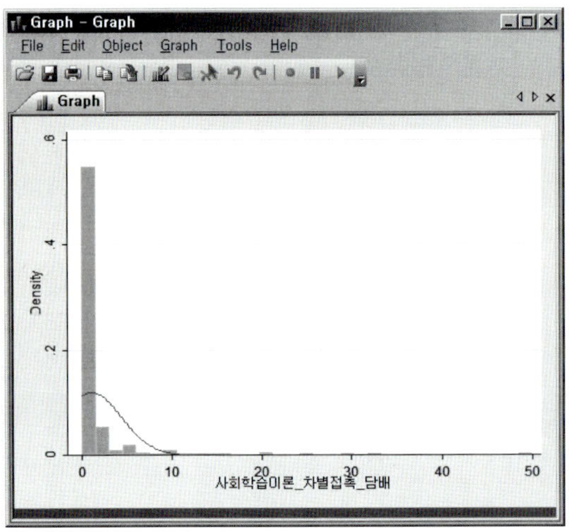

3 선형성 검토

선형성은 두 변수 사이에 선을 도출해 변수들 간에 관계 정도를 묘사하는 방법으로 두 변수 사이에는 선형(linear)관계가 유지되어야 한다는 가정이다. 산점도(scatterplots)는 일반적으로 두 변수의 관측값의 퍼진 정도(분포도)를 보여주기 때문에 선형성을 진단하기 위해 많이 사용되며 산점도를 통한 선형성은 아래와 같이 진단이 된다.

(1) 메뉴바를 이용한 선형성 검토

Graphics > Twoway graph

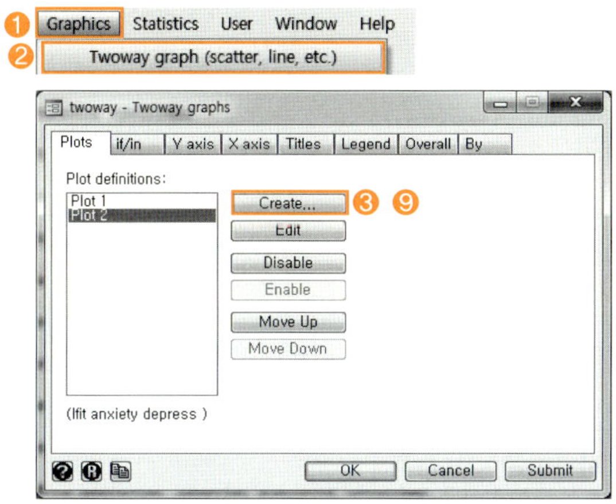

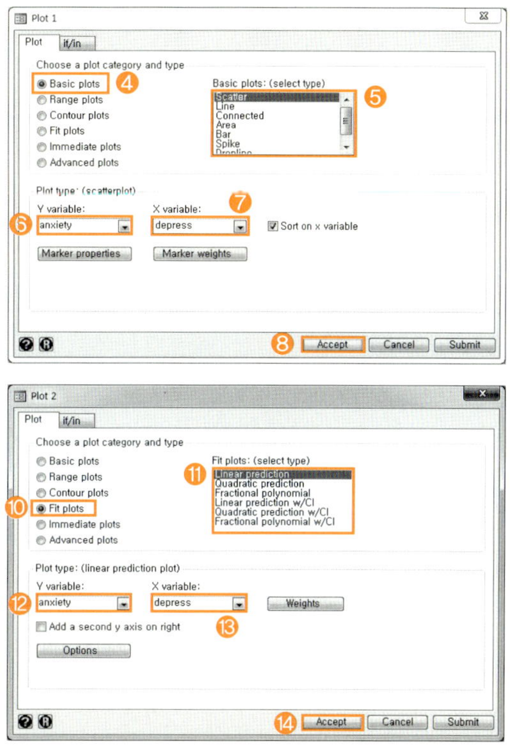

❶ 메뉴 중 Graphics를 클릭한다.
❷ 하단에 창이 열리면 Twoway graph를 클릭한다.
❸ 새로운 창이 열리면 Create...을 클릭한다.
❹ 새로운 창이 열리면 Basic plot을 체크한다.
❺ Basic plot 박스에서 Scatter를 체크한다.
❻ Y축에 변수를 입력한다.
❼ X축에 변수를 입력한다.
❽ Accept를 클릭한다.
❾ Create...을 클릭한다.
❿ 새로운 창이 열리면 Fit plot을 체크한다.
⓫ Fit plots 박스에서 Linear prediction을 클릭한다.
⓬ Y축에 변수를 입력한다.
⓭ X축에 변수를 입력한다.
⓮ Accept를 클릭한다.

⑵ 명령어를 이용한 선형성 검토

twoway (plot, varlist) [if] [in] [, twoway_options]
①　　　②　　　　　　　③

① 두 변수의 관계에 대한 그래프를 그릴 수 있는 명령어이다.

② plot은 그래프의 유형을 지정하는 것을 의미한다. varlist 그래프를 통하여 확인하고자 변수명을 입력한다(첫 번째 입력하는 변수가 Y축이 되고, 두 번째 입력하는 변수가 X축이 된다).

③ 옵션으로 공식매뉴얼을 통하여 확인하기 바란다.

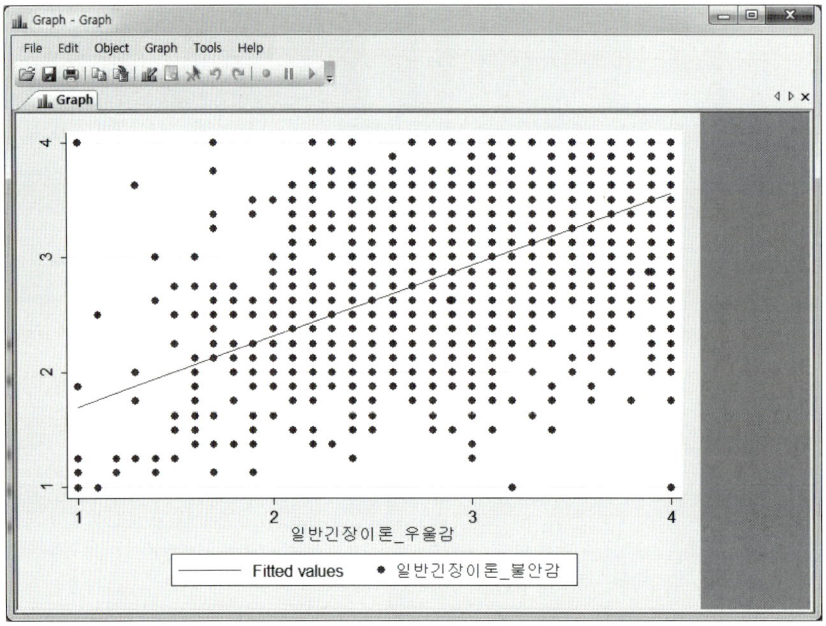

Stata

CHAPTER 04

기초통계

CHAPTER

04 기초통계

1절 기술통계

사회과학 연구자는 관심을 갖는 사회현상을 과학적으로 검증하기 위해 양적 또는 질적 방법을 이용한다. 양적 방법은 많은 연구절차를 거치게 되는데, 여기에 필요한 기초지식이 연구방법론과 통계학이다. 제2장에서 소개한 바와 같이 연구절차 중 연구주제의 선정 및 선행연구의 검토는 사회과학 이론에서 그 해답을 찾을 수 있다. 가설 설정과 조작화를 포함하는 조사설계와 자료수집의 단계에서는 연구방법론 지식이 활용된다. 그 다음 단계인 자료분석 및 해석하는 데 필요한 지식은 통계학에서 얻을 수 있다. 통계는 기술통계(descriptive statistics)와 추론통계(inferential statistics)로 구분된다. 연구자들은 표본을 통해 모집단의 특성을 추론하여 관심을 가진 사회현상을 설명하고 해석하는 것을 목적으로 한다. 그러나 연구자는 모집단을 추론하기 전에 표본이 어떤 특징을 가지고 있는지를 확인하기 위해 수집된 자료를 기술하거나 요약하는 과정을 거친다. 즉 대부분의 학술논문들은 기술통계를 통해 자료를 요약하여 제시한 후 다양한 통계기법을 적용하여 모집단을 추론한다. 기술통계는 중심경향(central tendency)과 자료의 가변성(variability)을 통해 수집된 자료를 의미 있는 형태로 정리한다. 자료의 기술은 변수의 형태에 따라 기술하는 방법이 서로 다르며 질적 변수를 기술할 때 각 관찰값의 빈도(frequency)를 표(table)를 통해 보여주는 것이 기본이다. 범주들 간의 빈도를 비교하기 위해 각 범주의 비율 혹은 퍼센티지(%)도 같이 기술한다. 하지만 양적 변수의 경우 그 관찰값이 보통 많기 때문에 표를 이용한 기술이 도움이 안 되기 때문에 평균(mean)과 분산(variance)을 이용한다.

1 중심경향

자료의 중심경향값 측정은 분포의 중심을 나타내며, 평균값(mean), 최빈값(mode), 중간값(median) 등을 통해 이루어진다. 사회과학 연구에서 가장 자주 사용되는 중심경향 측정치는 평균값이다. 평균값(mean)은 산술평균값으로 모든 관찰값을 더한 다음 총합을 나누어 계산한 값이다. 평균값은 극단적인 관찰값들을 잘 반영하기 때문에 최빈값과 중간값에 비해 중심경향을 잘 반영할 수 있다. 그러나 이러한 극단값(가외치)은 평균값을 왜곡하기 때문에 평균값 해석에 주의해야 한다.

$$X=\frac{X_1+X_2+X_3+\cdots+X_n}{N}=\frac{\sum X_n}{N}$$

최빈값은 자료의 분포에서 가장 빈도가 높은 수치이다. 최빈값을 구하는 데는 따로 계산식이 없다. 단지 수치들을 보면서 가장 자주 보이는 것을 최빈값으로 하는 것이다. 만약 극단값이 포함되어 있다면 분포의 모양이 극단적으로 기울어져 있게 되므로 중앙경향을 정확하게 표현할 수 없다. 따라서 최빈값은 제한적으로 사용할 수 있으며 명목척도에 가장 적절하다.

중간값은 분산에서 상위 50% 수치와 하위 50% 수치를 나눠주는 값이다. 자료를 크기순으로 정렬했을 때 가운데 위치하는 값이며, 최빈값과 마찬가지로 중간값의 사용은 제한적이다. 분포에 있는 모든 관찰값들을 고려하지 않기 때문에, 극단적인 수치는 완전히 무시된다. 중간값은 서열척도에 가장 적절하다.

2 자료의 가변성

자료의 분산을 기술하는 데 있어서 중심경향값의 측정으로는 충분하지 않다. 연구자는 자료가 평균값을 중심으로 얼마나 퍼져있는지를 확인해야 한다. 분산의 정도는 세 가지 가변성의 측정치로 알 수 있다. 가장 기본적인 분산도 측정은 범위(range), 분산((variance), 표준편차(standard deviation)이다.

범 위

범위는 가장 단순한 형태의 분산도로서 최댓값에서 최솟값을 뺀 값이다. 범위는 오직 최댓값과 최솟값만 고려하기 때문에 자료의 분산에 대한 좋은 측정은 아니지만, 산점도를 대략적으로 파악하기 위해 사용된다. 만약 극단 값이 포함되면 범위만으로 두 분포를 직접 비교할 수는 없다. 자료의 분산이 극단 값을 포함할 때 범위에 대한 대안은 사분편차(quartile deviation)이다. 사분편차는 세 번째 사분위수(75%)와 첫 사분위수(25%)의 차이이다. 이 수치는 사실 중간값 ±12.5% 내에 있는 사례들을 의미한다. 사분편차의 단점은 분산에 있는 모든 수치를 고려하지 않는다는 점이다.

분 산

분산(variance, S^2)은 각 관찰값이 평균으로부터 떨어진 거리를 제곱한 것의 평균이기 때문에 원래의 측정 단위인 거리로 환원시키기 위해 넓이의 단위를 사용하는 분산에 제곱근을 씌우는데, 이것을 표준편차라고 부른다. 분산과 표준편차는 평균으로부터 많이 떨어진 값인 극단값을 충분히 반영하기 때문에 분산형태를 보다 민감하게 나타낸다.

$$s^2 = \frac{\sum(x_i - \bar{x})^2}{n-1}$$

표준편차

표준편차(standard deviation, S)는 분산에 루트를 씌운 값으로 변수들이 등간척도 혹은 비율척도일 때 적정한 산점도의 측정이다. 표준편차는 분산의 모든 자료를 고려하기 때문에 가장 안정적이다. 표준편차가 크다면 평균으로부터 분산이 크다는 의미이다. 분산과 표준편차는 직관적으로는 같은 의미를 가진다.

$$s=\sqrt{\frac{\sum(x_i-\bar{x})^2}{n-1}}$$

2절 자료의 기술

1 명목변수

명목변수는 빈도와 비율을 활용하는 빈도분석을 통해 자료의 특성을 요약할 수 있다. 빈도는 성별(여성과 남성)의 수와 점유비율을 파악할 수 있지만, 평균과 표준편차를 구할 수는 없다.

분석과정

기술분석은 Statistics > Summaries > Frequency > One-way table 순으로 된 과정을 거친다. 물론, 아래와 같이 명령어 tabulate(tab) 뒤에 분석을 원하는 변수를 기입하면 윈도우의 분석과정과 동일한 결과를 얻을 수 있다.

Statistics > Summaries, tables, and tests > Tables > One-way tables

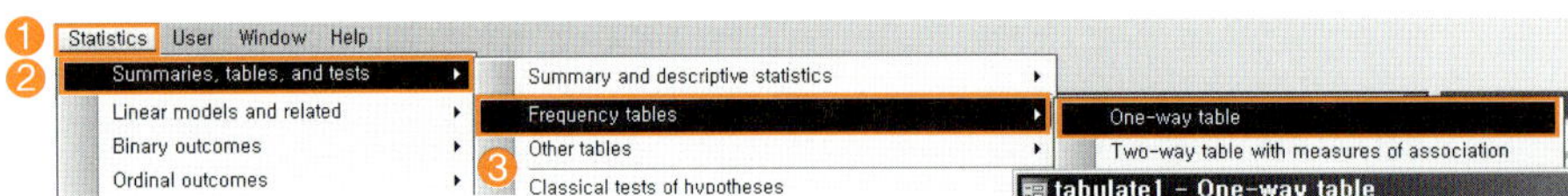

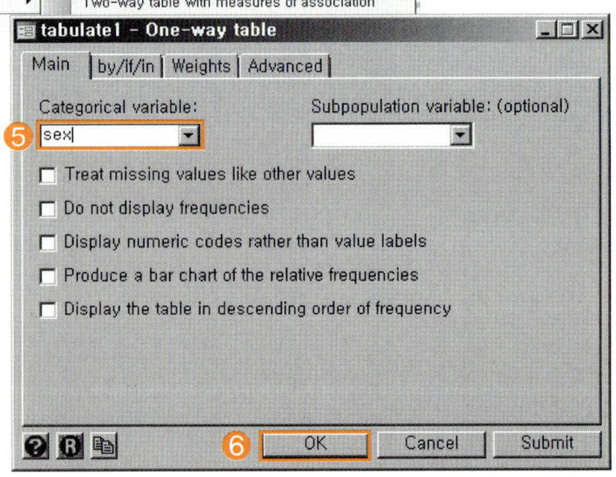

❶ 메뉴 중 Statistics를 클릭한다.
❷ 하단에 창이 열리면 Summaries, tables, and tests를 클릭한다.
❸ 우측에 창이 열리면 Frequency Tables를 클릭한다.
❹ 우측에 창이 열리면 One-way tables를 클릭한다.
❺ 새로운 창이 열리면 확인한 변수를 지정한다.
❻ OK를 클릭한다.

결과해석

```
. tabulate sex
```

sex	Freq.	Percent	Cum.
female	1,128	49.47	49.47
male	1,152	50.53	100.00
Total	2,280	100.00	

성별에 대한 빈도분석의 결과를 살펴보면, 전체 2,280명의 응답자들 중 남자는 1,152명(50.53%)과 여자는 1,128명(49.47%)으로 각각 나타났다. 이러한 결과를 비춰보면 응답자의 남녀 비율은 차이가 거의 없다. 만약 성별의 차이가 있다면 표집 수가 작거나 하나의 범주에 속하는 비율의 차이가 크다면 몇몇 분석에서는 적용할 수 없다. 그러나 ANOVA와 같은 분석에서는 이러한 비율의 차이는 그리 중요하지 않다.

2 연속변수

연속변수는 평균값, 중앙값, 표준편차 등을 활용하여 자료의 특징들을 요약할 수 있다. 연구자가 연구목적에 따라 특정 변수들을 한 그룹으로 묶어 분석할 수도 있다. 실제 연속변수의 경우 관찰값들이 많기 때문에 주로 평균과 분산을 이용한다.

분석과정

윈도우상에서 연속변수에 대한 기술분석 과정은 Statistics > Summaries > Summary statistic 순이다. 이러한 분석과정을 통해 얻을 수 있는 정보들은 Results 창에 도표로 제시된다. 물론, Results 창에 명령문 구조에서도 알 수 있듯이, summarize(su, sum) 명령어를 통해서도 동일한 결과를 얻을 수 있다.

Statistics > Summaries, tables, and tests > Summary and descriptive statistics > Summary statistics

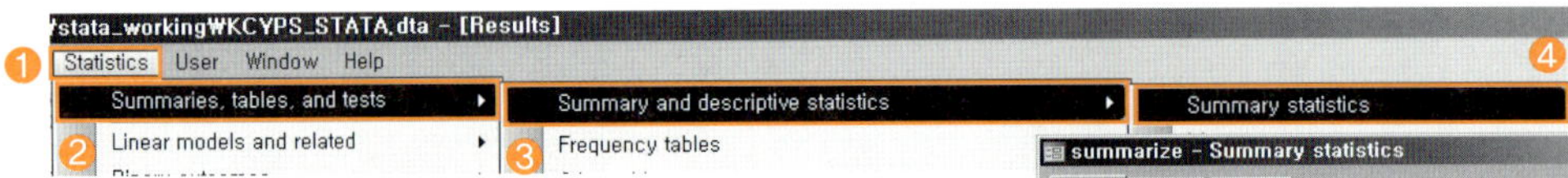

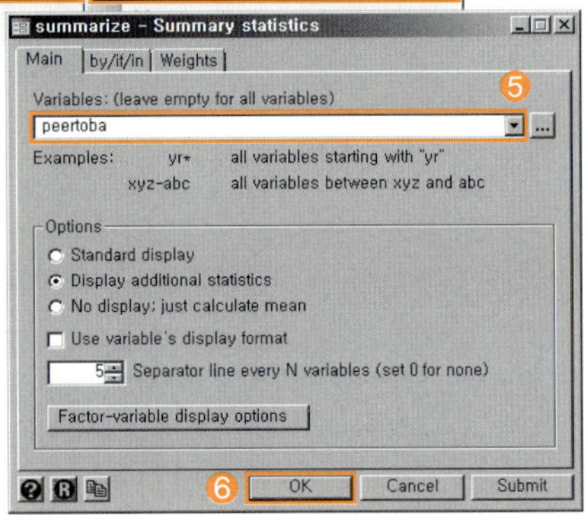

❶ 메뉴 중 Statistics를 클릭한다.
❷ 하단에 창이 열리면 Summaries, tables, and tests를 클릭한다.
❸ 우측에 창이 열리면 Summary and descriptive statistics를 클릭한다.
❹ 우측에 창이 열리면 Summary statistics를 클릭한다.
❺ 새로운 창이 열리면 확인할 변수를 입력한다.
❻ OK를 클릭한다.

```
. summarize peertoba, detail

                          peertoba
-------------------------------------------------------------
      Percentiles      Smallest
 1%            0              0
 5%            0              0
10%            0              0       Obs                2279
25%            0              0       Sum of Wgt.        2279

50%            0                      Mean           1.060114
                        Largest       Std. Dev.      3.344223
75%            0             30
90%            3             30       Variance       11.18383
95%            5             33       Skewness       6.084927
99%           20             50       Kurtosis       53.54735
```

3절 집단 간 비교분석

사회과학분야에서 집단 간 비교는 추리통계(inferential statistic)에 가장 기본이 되는 통계방법으로 가장 많이 사용되며 매우 중요하다. 이것은 집단의 평균차를 분석하는 것으로 독립변수와 종속변수의 인과관계를 규명하는 것이 목적이다. 집단 간 비교분석은 변수의 측정수준에 따라 크게 t 검증 또는 교차분석(chi-square test)으로 나뉜다. 변수의 측정수준이 양적변수 형태(등간척도 또는 비율척도)를 띠고 있을 때 t 검증을 사용하며, 질적변수 형태(명목척도 또는 서열척도)를 띠고 있을 때 교차분석을 통해 집단 간 비교를 한다. 변수의 형태가 양적변수일 경우 매우 다양한 통계방법을 적용할 수 있으며 독립변수가 포함하고 있는 범주(categories)의 개수, 독립변수의 개수, 종속변수의 개수에 따라 서로 다른 통계분석방법이 적용된다. 이 장에서는 집단 간 비교분석방법의 기초가 되는 t 검증, 교차분석, ANOVA 통계방법을 소개한다.

1 t 검증

개 요

t 검증은 두 집단의 평균차를 검증하는 것으로 비교분석의 가장 기본적이고 대표적인 통계방법이다. 이런 두 집단 간의 평균차이로부터 종속변수에 미치는 영향(인과관계)을 유추할 수 있다. t 검증은 두 개의 범주를 포함하고 있는 하나의 종속변수로 구성되어 있어 일원적 분석(univariate analysis) 방법으로 분류된다. t 검증은 크게 독립표본 t 검증(independent samples t-test)과 대응표본 t 검증(paired samples t-test)으로 구분된다. 독립표본 t 검증은 두 집단의 표본이 서로 독립적인 모집단으로부터 추출된 것을 말한다. 예를 들어 부모에 대한 애착(parental attachment)이 남녀 간에 차이가 있는지를 알아볼 때 유용하게 사용된다. 반대로 대응표본 t 검증은 같은 모집단에서 추출된 표본에서 반복측정을 통해 두 집단 간의 차이를 분석할 때 사용된다. 예를 들어 부모에 대한 애착이 청소년교육프로그램 전(사전측정)과 후(사후측정)로 어떠한 차이가 나는지를 비교하고자 할 때 대응표본 t 검증이 사용된다. 이렇게 개인차 변수가 중요한 작용을 하는 연구 분야에서는 대응표본 t 검증을 많이 사용하나 사회과학연구에서는 임의로

표집된 두 그룹을 비교하는 경우가 많아 독립표본 t 검증을 선호한다.

기본가정

집단 간 비교분석은 일원분석(univariate analysis)부터 다변량분석(multivariate analysis)까지 다양한 방법들이 있다. 따라서 앞서 언급한 다변량분석(multivariate analysis) 통계방법에서 고려해야 할 가정들을 충족시키면 그것으로 충분하다(제3장 예비분석 참고). 하지만 예비분석(pre-analysis assumptions) 외에 고려해야 할 가정들이 비교분석 통계방법에 따라 추가적으로 필요한 부분이 있다.

① **변수의 성격**(level of measurement) : 종속변수는 등간척도(interval level) 또는 비율척도(ration level)의 성격을 가져야 한다.

② **무작위 표본**(random sampling) : 집단 간 분석방법은 모집단(population)으로부터 무작위 표본 방법으로 수집되어야 한다.

③ **독립적인 관측치**(independence of observations) : 관측치가 서로 독립적이어야 한다. 각각의 관측치는 서로 영향을 주어서는 안 되며 그렇지 않을 경우 심각한 오류를 범하게 된다.

④ **정규분포**(normality) : 비교가 되는 집단의 종속변수는 정상분포(normal distribution)를 가져야 한다.

⑤ **등분산성**(homoscedasticity) : 비교가 되는 집단의 종속변수가 동일하거나 유사한 변량(homogeneity of variance)을 가져야 한다.

독립표본 t 검증의 기본원리

독립표본 t 검증(independent samples t-test)의 기본원리는 비교를 하려는 두 집단 전체의 표준오차와 각각의 집단의 평균 차이가 어느 정도 유의미한가를 검증하는 것으로 일반적인 공식은 아래와 같다. 이렇게 구해진 t 값은 자유도(degree of freedom)와 유의수준에 따라 유의수준에 대응하는 값을 찾아낸다.

t=평균차(1집단 평균−2집단 평균)/전체의 표준오차

독립표본 t 검증의 분석과정 소개

아동 · 청소년패널데이터에서 남학생 응답자와 여학생 응답자 사이에 또래친구들의 흡연행위에 대한 차이가 있는지 알아보았다. 또래친구들의 흡연행위는(peertoba) 연속변수이며 남녀 사이에 친구들의 흡연행위에 대한 차이점을 독립표본 t 검증(independent samples t-test)을 이용하여 알아보았다. 또래친구들의 흡연행위에 대한 연구문제를 다음과 같이 설정하기로 한다.

연구문제

또래친구들의 흡연행위가 남녀 간에 차이가 있을까? 청소년 자신의 흡연행위에 영향을 미치는가?

연구가설 또래친구들의 흡연행위는 성별에 따른 차이가 있다

분석과정

Step 1 : 등분산성 검증

Stata에서 t 검증을 실행하기에 앞서 등분산성 검증을 통해 남녀 두 집단 간 분산의 동질성 가정의 위반 여부를 먼저 알아보아야 한다. 등분산성은 Levene의 테스트를 통해 알아볼 수 있으며 .05 이상이면 등분산 가정이 유효하다. 다시 말해 유의확률(P) 값이 .05보다 클 경우 모집단의 분산이 같아 등분산성 가정을 충족시키며 .05보다 작을 경우 분산이 서로 다르다는 것을 의미한다. Stata에서는 등분산성이 가정되면 equal variances, 그렇지 않을 경우 unequal의 명령어를 사용하여 t 검증을 한다. 성별에 따른 또래친구의 흡연행위의 등분산성 검증은 다음과 같다.

```
. robvar peertoba, by(sex)

            |      Summary of peertoba
        sex |        Mean   Std. Dev.       Freq.
------------+------------------------------------
     female |   .65780142   2.4063491        1128
       male |   1.4543875   4.0205294        1151
------------+------------------------------------
      Total |   1.0601141   3.3442234        2279

W0  =  76.036154   df(1, 2277)     Pr > F = 0.00000000

W50 =  32.774098   df(1, 2277)     Pr > F = 0.00000001

W10 =  53.853003   df(1, 2277)     Pr > F = 0.00000000
```

성별에 따른 또래친구의 흡연행위에 대한 등분산성 검증결과 *p*값이 .05보다 작으므로 가설이 기각되어 등분산성 가정을 충족시키지 못한다. 따라서 unequal 명령어를 사용하여 *t* 검증을 실행한다. 또래친구의 흡연행위에 대한 등분산성이 가정되지 않은 독립표본 *t* 검증은 다음과 같다.

Step 2 : 독립표본 *t* 검증

독립표본 *t* 검증(independent samples *t*-test)을 실행하기 위해서는 ttest 명령어를 사용한다. ttest 명령어 다음에 검증하려는 변수(peertoba)를 입력하고 그 다음에 성별에 대한 명령어를 입력한다.

(1) 메뉴바를 이용한 독립표본 *t* 검증

Statistics > Summaries, tables, and tests > Classical tests of hypotheses > *t* test (mean-comparison test)

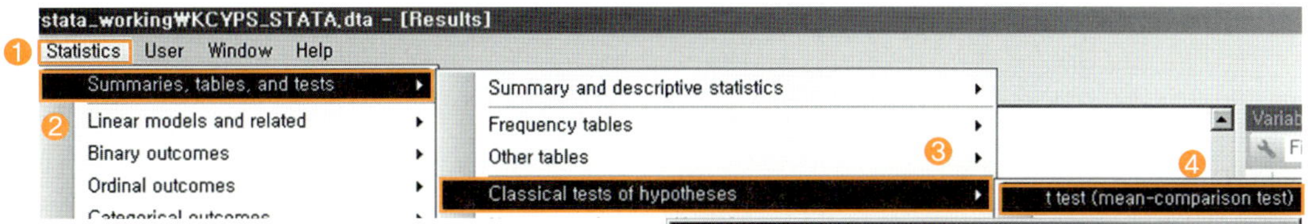

1. 메뉴 중 Statistics를 클릭한다.
2. 하단에 창이 열리면 Summaries, tables, and tests를 클릭한다.
3. 우측에 창이 열리면 Classical tests of hypotheses를 클릭한다.
4. 우측에 창이 열리면 t test(mean–comparison tetsts)를 클릭한다.
5. 새로운 창이 열리면 수행할 *t* test의 유형을 체크한다(예시는 2집단의 *t* test이다).
6. 종속변수를 입력한다.
7. 독립변수를 입력한다.
8. 등분산이 아닐 경우 체크해 준다.
9. 유의도를 입력한다.
10. OK를 클릭한다.

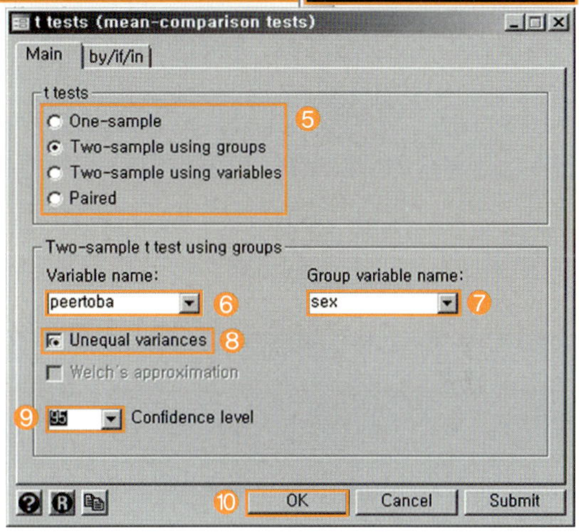

(2) 명령어를 이용한 독립표본 *t* 검증

ttest varname [if] [in] , by(groupvar) [options1]
① ② ③ ④

① ttest는 *t* 검증에 사용되는 명령어이다. ②는 연구자가 설정한 종속변수(peertoba)가 들어간다. 기본 가정에서도 확인할 수 있듯이, 종속변수는 반드시 연속형 변수이어야 한다. ③ 연구자가 비교하려는 두 집단(성별)을 by 뒤에 나오는 괄호 안에 지정한다. ④ 옵션은 unequal(une), welch(w), level(l) 등이 있다. unequal은 unpaired 자료가 등분산을 가정하지 못할 때 사용한다. Welch는 검증을 위한 자유도를 Welch's 공식으로 계산하라는 의미이다. level(#)은 신뢰구간을 설정하라는 의미로, level(95)로 디폴트되어 있다. 독립표본 *t* 검증(independent samples t-test)을 통한 또래친구의 흡연행위에 대한 남녀차이 결과는 다음과 같다.

Step 3 : 분석결과의 해석

독립표본 t 검증(independent samples t-test)을 통한 또래친구의 흡연행위에 대한 남녀차이 결과는 다음과 같다.

ttest peertoba, by(sex) unequal

```
. ttest peertoba, by(sex) unequal

Two-sample t test with unequal variances

------------------------------------------------------------------------------
   Group |     Obs        Mean    Std. Err.   Std. Dev.   [95% Conf. Interval]
---------+--------------------------------------------------------------------
  female |    1128    .6578014     .071648    2.406349    .5172229    .7983799
    male |    1151    1.454387    .1185074    4.020529    1.221872    1.686903
---------+--------------------------------------------------------------------
combined |    2279    1.060114    .0700524    3.344223    .9227409    1.197487
---------+--------------------------------------------------------------------
    diff |           -.7965861    .1384827               -1.068181   -.5249908
------------------------------------------------------------------------------
    diff = mean(female) - mean(male)                              t =  -5.7522
Ho: diff = 0                     Satterthwaite's degrees of freedom =  1887.08

    Ha: diff < 0                 Ha: diff != 0                 Ha: diff > 0
 Pr(T < t) = 0.0000         Pr(|T| > |t|) = 0.0000          Pr(T > t) = 1.0000
```

성별에 따라 또래친구의 흡연행위의 평균값이 약 0.8 정도 차이가 나며 남성의 경우 여성보다 표준편차가 더 크다는 것을 알 수 있다. 자유도는 통계적 추론을 할 때 표본자료 중에서 모집단의 정보를 주는 독립적인 자료의 수를 의미한다. t 검증의 경우 두 집단의 비교이므로 모집단이 두 개 존재하고 자유도는 표본의 관측치에서 하나를 제외한 값이므로 ttest에서 자유도는 관측된 두 표본집단의 합−2이다. 따라서 예시에서 자유도는 (1128−1)+(1151−1)=2277이 된다. 또래친구들의 흡연행위는 성별에 따른 비교분석결과 t=−5.7522, 자유도(df)=2277, 유의도(sig) .0000＜.005로 나타났으며 성별에 따라서 또래친구들의 흡연행위에 차이가 있는 것으로 나타났다.

2 교차분석

개 요

교차분석은 종속변수와 독립변수가 범주형 변수들일 때 사용하는 분석방법이다. 종속변수가 연속변수일 때 사용하는 t 검증과 F 검증은 모집단이 정규분포임을 가정하지만, 교차분석은 이러한 기본가정을 요구하지 않는다. 따라서 종속변수가 연속형 변수이지만 정규분포가 아닐 경우에 연구자는 범주형 변수로 재코딩한 후 사용한다. 교차분석은 χ^2 검증이라고도 불린다. χ^2 검증에는 단일표본 χ^2 검증(one-way chi-square test, 일원 χ^2 검증)과 두 개 표본 χ^2 검증(two−way chi−square test, 이원 χ^2 검증)으로 구분된다. 단일표본 χ^2 검증은 하나의 변수에 대한 조사에서 관찰빈도가 각 셀에 균등하게 분산되어 있는가를 검증하는 통계기법이다. 많이 사용되는 두 개 표본 χ^2 검증은 두 개의 변수가 균등하게 분포되어 있는지를 검증하는 통계기법이다.

두 개의 변수에 대한 χ^2 검증은 관찰빈도와 기대빈도와의 차이를 계산하여 두 변수 간의 관계가 통계적으로 상호 독립적인지 아니면 종속적인지를 검증하는 것이다. 독립적이라면 두 변수 간 아무 관계가 없다는 의미이고, 종속적이라면 두 변수 간에 모종의 관계가 있다는 것을 의미한다. χ^2 검증을 위해 두 개의 범주형 변수 간의 빈도분표포를 분할표로 나타낸다. 관찰빈도와 기대빈도가 차이가 나지 않는다면 두 변수가 독립적이라서 통계적으로 관계가 없다고 이해된다. 카이제곱 검증에서 영가설(H_0)은 “두 변수가 통계적으로 독립적이라서 관계가 없다”이다. 만약 영가설이 맞는다면 각 셀에서 f_o와 f_e는 서로 가까워져서 카이제곱 값이 작아지게 되는 것을 직관적으로 알 수 있다.

$$\chi^2=\sum\frac{(f_o-f_e)^2}{f_e}$$

f_o : 관찰빈도

f_e : 기대빈도

χ^2값은 기대빈도(f_e)와 관찰빈도(f_o)의 차이를 이용해 계산한다. 계산을 위해 먼저 기대빈도를 구한다. 기대빈도는 집단 간에 차이가 없다고 가정할 때 예상되는 빈도이다. 기대빈도를 구하면 관찰빈도와 함께 위의 공식에 대입하여 χ^2값을 구할 수 있다. 위의 공식에서 직관적으로 알 수 있듯이, 관찰빈도와 기대빈도의 차이가 크면 χ^2값이

커지게 되며, 이것은 두 집단 간 차이가 크다는 것을 의미한다. χ^2값을 구했다면, 영가설을 기각할 수 있는지를 확인해야 한다. 즉, χ^2값이 얼마나 커야 두 집단 간 차이가 나는지를 알아야 한다. 이 때 필요한 것이 유의수준(알파값)과 자유도이다. 만약 유의수준을 .05로 설정했다면, 자유도를 구해 χ^2 분포에서 기준값과 계산한 χ^2값을 비교하여 영가설의 기각 여부를 결정할 수 있다. 이 때 χ^2값을 구하는 공식에서 확인할 수 있듯이, χ^2 값은 관찰빈도와 기대빈도의 차이를 제곱한 것을 기대빈도로 나눈 값이기 때문에 항상 양의 값을 가지게 되므로, 단측검증만을 사용할 수 있음을 명심해야 한다.

마지막으로, χ^2 검증은 '최소기대 셀 빈도'(minimum expected cell frequency)에 대한 가정이 있다. 이 가정은 분할표의 각 셀에 사례수가 5 이상이어야 한다는 것이다. 즉, 기대빈도가 5% 이하인 셀이 20%가 넘는다면 카이제곱 해석에 어려움이 생긴다.

분석과정

(1) 메뉴바를 이용한 교차분석

Statistics > Summaries, tables, and tests > Frequency tables > Two-way table with measures of association

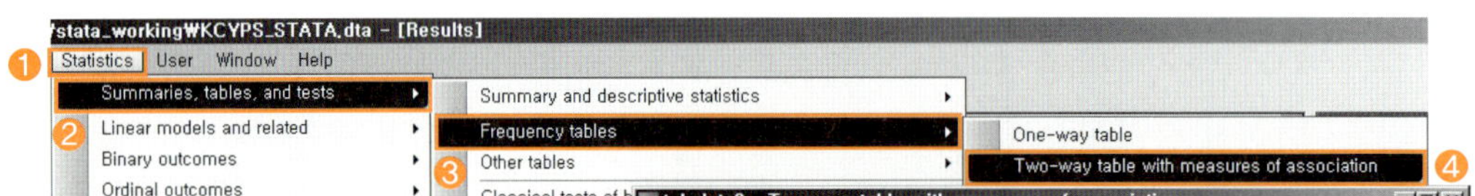

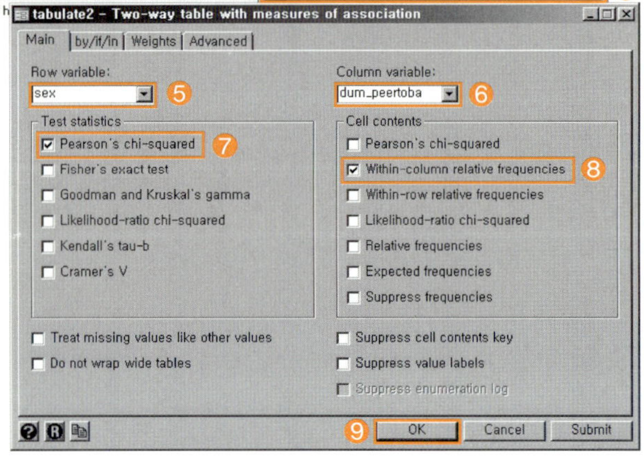

❶ 메뉴 중 Statistics를 클릭한다.
❷ 하단에 창이 열리면 Summaries, tables, and tests를 클릭한다.
❸ 우측에 창이 열리면 Tables를 클릭한다.
❹ 우측에 창이 열리면 Two-way tables with measures of association을 클릭한다.
❺ 새로운 창이 열리면 독립변수를 입력한다.
❻ 종속변수를 입력한다.
❼ 박스를 체크한다.
❽ 박스를 체크한다.
❾ OK를 클릭한다.

(2) 명령어를 이용한 교차분석

tabulate varname1 varname2 [if] [in] [weight] [, options]
① ② ③

① tabulate 명령어는 하나의 변수에 대해서는 빈도분석의 결과값을, 2개일 경우 교차분석의 결과값을 얻고자 할 때 사용된다. ② 분석의 편의를 위하여 varname1의 경우 종속변수로, varname2는 독립변수로 입력하는 것이 편리하다. ③은 옵션에 해당한다. tab의 경우 chi2, e, g, lr, t, V, cchi2, column, row, clr, ce, ex, nof, m, w, nol, nolo, first 등이 있다. 이 중 chi2는 two-way table에서 Pearson's chi-squared 값을 계산하라는 옵션이다. 그러나 aweights 혹은 iweights가 설정되었다면 chi2를 사용할 수 없다. column은 two-way table에서 행 내에서 각 칸의 빈도를, row는 열 내에서 각 칸의 빈도를 구하라는 옵션이다. cell은 two-way table에서 각 칸의 관측빈도를, expected는 two-way table에서 각 칸의 기대빈도를 구하라는 옵션이다.

결과해석

```
. tabulate sex dum_peertoba, chi2 column
```

Key
frequency *column percentage*

sex	tobaco_yn no	yes	Total
female	937 53.30	191 36.66	1,128 49.50
male	821 46.70	330 63.34	1,151 50.50
Total	1,758 100.00	521 100.00	2,279 100.00

Pearson chi2(1) = 44.5110 Pr = 0.000

Step 1 : 영가설과 연구가설의 설정

예제의 분할표에서 성별 집단 간에 또래친구의 흡연유무(dum_peertoba)의 차이를 확인할 수 있다. 먼저 영가설과 연구가설을 설정한다. χ^2 검증에서의 영가설은 '성별에 따라 또래친구의 흡연유무는 차이가 없을 것이다'이다. 즉 성별과 흡연유무는 상호 독립적임을 의미한다. 당연히 연구가설은 성별에 따라 또래친구 흡연유무의 차이가 있다고 정의된다.

Step 2 : 검증통계치의 계산

χ^2 검증에서의 검증통계치는 χ^2값이다. 예제에서 χ^2값은 44.511이다. 물론, 수작업으로 χ^2값을 계산할 수 있지만, Stata 등 모든 통계프로그램에서는 친절하게 χ^2값을 제공하기 때문에 이 값을 사용한다.

Step 3 : 영가설 기각영역의 결정

영가설의 기각영역을 결정하기 위해서는 유의수준과 자유도를 확인해야 한다. 결과값에서 유의수준 .05이다.

Step 4 : 영가설 기각 여부를 결정

χ^2 검증결과에서 관심을 두어야 할 것은 Chi-square Tests에서 나온 Pearson χ^2값이다. 위 예에서 나온 χ^2값은 44.511이며 해당 유의수준은 0.000이다. 통계적으로 유의미하기 위해서는 이 수치가 .05 이하이어야 한다. 이 경우 수치가 0.000이므로 분석결과가 통계적으로 유의미하다고 해석해야 한다. 이것은 남성의 또래친구 흡연자 비율은 여성의 또래친구 흡연자 비율에 비해 유의미한 차이가 있다는 의미이다.

3 ANOVA

개 요

ANOVA(analysis of variance)는 일원변량분석으로 집단 간의 평균차를 검증하는 방법이며 두 개 이상의 집단을 비교할 때 사용되는 통계방법이다. 다시 말해 ANOVA는

t 검증과 같이 일원적 분석(univariate analysis)방법이지만 하나의 종속변수 안에 두 개 이상의 범주를 포함하고 있어야 한다. t 검증은 두 집단의 평균차를 비교하여 통계적 차이를 검증하지만 ANOVA는 집단(2개 이상)의 변량을 사용하여 통계적 차이를 검증한다는 차이점이 있다. 여기서 변량이란 집단평균을 중심으로 퍼져 있는 정도를 말하며 표본집단의 분산비율을 산출해서 F 분포의 고유치를 비교분석하는 것을 말하기 때문에 f 검증이라고도 한다.

ANOVA의 기본원리

ANOVA는 두 개 이상의 집단 간의 차이를 검증하기 위해서 f 비율(f-ratio)인 집단 간 변량(between-group variance)과 집단내 변량(within-group variance)을 이용하며 그 식은 다음과 같다.

$$F = \frac{\text{집단간 변량}}{\text{집단내 변량}}$$

따라서 집단 간 평균차이가 클수록 집단 간 변량은 커지며 반대로 집단 내에서 변산도가 낮을수록 집단내 변량은 작아진다. 이것은 두 개 이상의 집단 간 평균을 비교했을 때 f 값이 크게 나온다는 것은 집단들끼리 서로 다르다는 것을 의미한다.

ANOVA의 분석과정 소개

아동 · 청소년패널데이터에서 남녀학교유형에 따라 청소년비행의 차이가 있는지 알아보았다. 먼저 남녀공학 여부(1.남학교, 2.여학교, 3.남녀공학)를 세 개의 집단으로 구분하였다. 남녀공학의 유형에 따른 청소년비행의 차이를 Oneway ANOVA를 사용하였으며 연구문제를 다음과 같이 설정하기로 한다.

연구문제

학교의 남녀공학유형이 청소년비행에 영향을 미치는가?

연구가설 청소년비행은 학교의 남녀공학유형에 따라 차이가 있다.

분석과정

Stata에서 ANOVA를 실행하기 위해서는 oneway 명령어를 사용한다. oneway 명령어 다음에 검증하려는 변수(total_ju)를 입력하고 그다음에 남녀공학변수(ncoedw2)를 입력한다. Oneway ANOVA를 통하여 남녀공학 여부에 따른 청소년비행의 집단 간 차이 결과는 다음과 같다.

(1) 메뉴바를 이용한 ANOVA

Statistics > Linear models and related > ANOVA/MANOVA > Analysis of variance and covariance

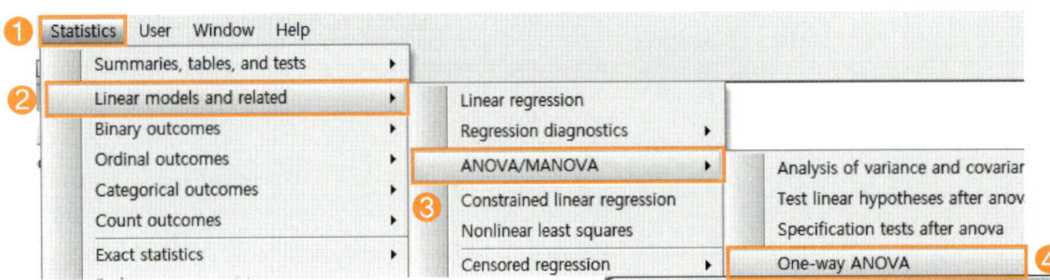

1. 메뉴 중 Statistics를 클릭한다.
2. 하단에 창이 열리면 Linear models and related를 클릭한다.
3. 우측에 창이 열리면 ANOVA/MANOVA를 클릭한다.
4. 우측에 창이 열리면 One-way ANOVA를 클릭한다.
5. 새로운 창이 열리면 종속변수를 입력한다.
6. 독립변수를 입력한다.
7. 사후검증 옵션을 설정한다.
8. OK를 클릭한다.

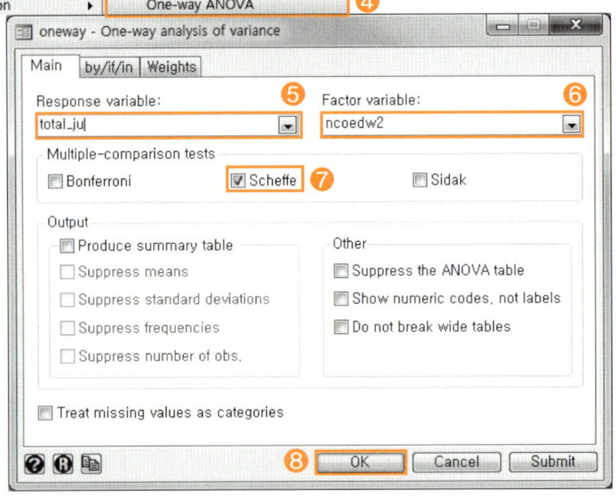

(2) 명령어를 이용한 ANOVA

oneway varname [termlist] [if] [in] [weight] [, options]
①　②　③

① 일원분산분석에 대한 명령어로 일원, 이원분산분석 모두에 사용할 수 있다. ② 종속변수를 먼저 입력한 후 독립변수를 다음에 입력한다. ③ 일원분산분석은 bonferroni, scheffe, sidak 등 사후검증을 하는 옵션이 있다.

먼저 일원분산분석을 위하여 남녀학교유형을 남학교를 1로 코딩하고 여학교를 2로 코딩하고 남녀공학을 3으로 코딩하였으며 결과표는 다음과 같다. 남녀공학이 약 77%(*n*=1755)로 가장 큰 비중을 차지하고 있으며 다음으로 여학교(12%, *n*=283) 남학교(10%, *n*=238)순으로 나타났다.

```
. tab ncoedw2

      ncoed |      Freq.     Percent        Cum.
------------+-----------------------------------
   male_edu |        238       10.46       10.46
 female_edu |        283       12.43       22.89
     co_edu |      1,755       77.11      100.00
------------+-----------------------------------
      Total |      2,276      100.00

. oneway tobacuse ncoedw2, scheffe
                        Analysis of Variance
    Source              SS         df      MS            F     Prob > F
------------------------------------------------------------------------
Between groups      .438317682      2   .219158841      3.83     0.0219
 Within groups      130.072667   2273   .057225106
------------------------------------------------------------------------
    Total           130.510984   2275   .057367466

Bartlett's test for equal variances:   chi2(2) =  72.6952  Prob>chi2 = 0.000

                     Comparison of tobocouse by sexmixedu
                                 (Scheffe)
Row Mean-|
Col Mean |   male_edu   female_e
---------+----------------------
female_e |   -.055765
         |      0.030
         |
   coedu |   -.020786    .034979
         |      0.453      0.074
```

남녀학교유형의 차이와 청소년비행의 관계에 대한 일원분산분석의 결과는 다음과 같다. 집단내 제곱합은 .44이었고 집단 외 제곱합은 130.07이었다. 따라서 F값은 3.83으로 나왔으며 유의도는 0.0016으로 통계적으로 유의하였다. 남녀학교유형의 차이가 청소년비행 간의 통계적으로 유의미한 영향을 미치는 것을 확인 가능하지만 어떤 유형이 청소년비행에 영향을 미치는 것인지 알 수 없다. 이렇게 ANOVA 테스트 후 집단 간 유의미한 차이가 확인되면 사후검증(Post Hoc Test)을 통해 어느 집단이 이질성을 띠는가를 알아보아야 한다. 본 예시에서는 가장 많이 사용되고 있는 scheffe를 사용하여 어느 집단이 이질성을 띠고 있는지 검증하였다. 남학교와 여학교의 경우 집단 간의 통계적으로 유의미한 차이를 보였다. 이에 반해 남학교와 남녀공학의 경우와 여학교와 남녀공학의 경우 집단 간의 차이가 통계적으로 유의미하지 않았다.

4 절 상관관계 분석

1 개 요

상관관계 분석은 두 변수 간의 선형 관계의 강도와 방향을 기술하기 위해 사용된다. Stata에서 사용할 수 있는 통계기법은 측정수준에 따라 다양하다. 통계학 교재들은 모수통계와 비모수통계를 사용한다. 모수통계란 모집단의 특성이란 말에서 나온다. 모수 통계기법들은 표집한 모집단에 대해 몇 가지 가정들을 가지고 있다. 이 가정들은 정규분포와 같이 주로 모집단 분산에 대한 것이다. 반면에 비모수 통계기법들은 모집단 분포에 대한 가정을 하지 않는다.

쉬어가기

비모수 통계기법

비모수 통계기법들이 모수 통계기법에 비해 덜 복잡하더라도 단점은 있다. 비모수 통계기법들은 강력한 모수 통계기법들에 비해 가정이 엄격하지 않지만, 집단 간에 차이가 있어도 감지하지 못할 수도 있다. 만약 적절한 자료가 있다면 가능한 한 모수 통계기법을 사용하는 것이 좋다.

비모수 통계기법들은 명목변수나 서열변수로 측정된 자료를 분석하는 데 활용된다. 또한 아주 작은 샘플이 있거나 모수 통계기법의 엄격한 가정들에 맞지 않는다면 비모수 통계기법을 사용하는 것이 좋다. Stata는 다양한 상황을 위한 여러 가지 비모수 통계기법들이 있지만, 대표적으로 Spearman's rank order correlation이 활용된다.

Stata는 두 가지 상관관계를 계산해 주는데, 단순 이분산 상관관계와 다른 변수를 통제하면서 두 변수 간의 관계를 살펴보는 부분 상관관계를 구해 준다. 이 절에서는 많이 사용되는 단순 이분산 상관관계 계수를 구하는 방법을 소개한다. 상관관계 분석은 세 가지의 기본가정을 가지고 있다. 첫째, 두 개 이상의 변수들 모두는 연속형 변수이어야 한다. 따라서 하나의 변수라도 명목형 변수를 투입해서는 안 된다. 둘째, 변수들 간 관계는 선형이어야 한다. 셋째, 모든 변수는 모집단에서 정규분포를 가져야 한다. 특히 표본수가 작을 경우에는 모집단이 정규분포를 가질 것이 강력히 요구된다.

상관관계 분석에서 두 개의 변수가 일반적으로 상호관련성이 있다고 가정한다. 이러한 상관관계의 관련성의 방향과 정도를 상관계수(Pearson correlation coefficient, r)라고 부른다. Pearson 상관관계는 연속변수들의 경향이 하나의 직선적인 함수관계로 표현되는 것으로, 두 변수의 관찰값들(X, Y)이 이 직선상에서 얼마나 밀접해 있는가를 나타내는 선형적 강도를 말한다. Pearson 상관관계 계수(r)는 오직 −1에서 +1 사이에 존재한다. +는 한 변수가 증가하면 다른 변수가 증가한다는 의미이고, −는 한 변수가 증가하면 다른 변수는 감소한다는 것을 의미한다. +나 −를 제외한 절댓값은 관계의 강도를 의미한다. 1이나 −1이란 완벽한 상관관계로 산점도는 한 직선을 보여줄 것이다. 반면 관계가 0일 경우는 변수 간에 관계가 전혀 없다는 의미이다. 산점도는 별다른 패턴 없이 동그란 산점도를 보일 것이다.

Pearson 상관계수(r) 값은 X와 Y의 공분산에 X와 Y의 분산값을 곱합 값을 나누어서 계산한다. 공분산은 X와 Y변수가 각각의 평균으로부터 떨어진 거리를 곱한 값의 합을 사례수로 나눈 값이다. 공분산의 크기는 변수를 측정하는 데 사용한 단위(예를 들어, 키(cm)와 몸무게(kg)와의 관계)에 따라 차이가 발생하기 때문에 표준화를 해야 한다. 따라서 r값은 X와 Y의 공변량을 각각의 표준편차로 나누기 때문에 r값은 표준화된다. 즉, 두 변수에 해당하는 점수들을 표준점수로 바꾼 후 두 표준점수를 곱하여 모두 더한 다음 이를 전체 사례수로 나눈 것이다.

$$r = \frac{\mathrm{Cov}(X,\ Y)}{S_X S_Y}$$

2 분석과정

(1) 메뉴바를 이용한 상관관계 분석

Statistics > Summaries, tables, and tests > Summary and descriptive statistics > Pairwise correlations

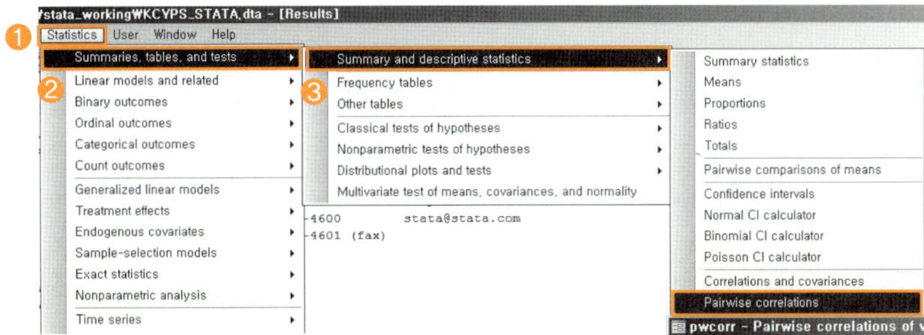

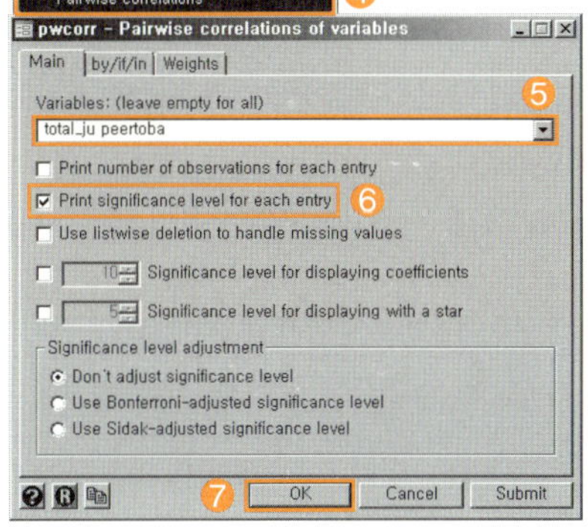

❶ 메뉴 중 Statistics를 클릭한다.
❷ 하단에 창이 열리면 Summaries, tables, and tests를 클릭한다.
❸ 우측에 창이 열리면 Summary and descriptive statistics를 클릭한다.
❹ 우측에 창이 열리면 Pairwise correlations를 클릭한다.
❺ 새로운 창이 열리면 상관분석을 할 변수를 입력한다.
❻ 유의도를 보고하는 박스를 체크한다.
❼ OK를 클릭한다.

(2) 명령어를 이용한 상관관계 분석

pwcorr [varlist] [if] [in] [weight] [, pwcorr_options]
① ② ③

① pwcorr는 상관분석에 사용되는 명령어이다. ② 연구자가 상관관계를 확인하고 싶은 변수들을 나열하여 입력한다. 단 분석의 편의를 위하여 종속변수를 제일 처음 입력한다. ③ pwcorr 옵션에는 obs(o), sig, listwies(list), casewise(case), bonferroni(b), sidak(sid) 등이 있다. 이 중 sig는 상관관계 계수의 유의도를 표시해주는 옵션으로 가장 많이 활용된다. obs 옵션은 matrix의 correlation coefficient를 계산하기 위하여 사용된 관찰 수를 보고하라는 의미이다. boneferroni는 계산된 유의확률에 boneferroni adjustment를 하도록 지시하는 명령어다. bonferroni-adjusted 유의확률이 0.05 이하인 상관관계 계수만 보고한다.

참고 ● corr와 pwcorr의 차이!

1. Stata에서 상관분석을 실행하는 명령어는 corr과 pwcorr 두 가지가 있다. corr의 경우 다수의 변수를 분석할 때 각 변수들 중 하나라도 결측이 있는 케이스가 존재한다면, 그 케이스는 모든 상관분석에서 제외한 후 각각의 상관계수 값을 보여주라는 명령어다.
2. 이에 반하여 pwcorr의 경우 상관분석의 대상이 되는 각 변수들 간의 짝에 대한 상관관계를 보여주는 것으로, 쌍을 이루는 변수들 간에 결측이 있는 케이스만을 제외하고 상관계수의 값을 보여준다.
3. 예를 들면, 변수 A,B,C,D를 상관분석하는 경우 A와 C의 결측값이 존재하는 케이스가 있을 경우에 corr명령어의 경우 모든 분석에서 해당 케이스를 제외한 상관계수를 보여준다. 이에 반하여 pwcorr 명령어는 A 또는 C와 쌍을 이루는 경우에만 해당 케이스를 제외한 상관계수 값을 보여주고 두 변수와 쌍을 이루지 않는 경우 케이스를 제외하지 않고 상관계수를 보여준다. 따라서 변수 간의 상관관계를 확인하는 경우 유효케이스를 더 많이 확보할 수 있는 pwcorr을 활용하는 것이 좋다.

3 분석결과의 해석

기본가정의 검토

위의 그림과 같이 상관관계 분석을 실행하기 전에 산점도를 먼저 확인하여 선형성과 등분산성에 대한 기본가정을 확인해야 한다. 산점도는 이 두 변수의 분산에 대해 여러 면을 확인하는 데 사용될 수 있다.

Step 1 : 가외치(Outlier) 확인

상관관계 분석에 앞서 산점도를 통해 가외치를 확인한다. 가외치란 자료 분포에서 극단값을 가진 자료들을 말한다. 가외치는 어떤 분석들에는 상당한 영향을 끼칠 수 있으므로 자료가 정확히 코딩되었는가 아니면 이 수치들에 오류가 있는지를 확인할 필요가 있다. 이에 대한 내용은 제3장에 자세히 기술되어 있다.

Step 2 : 분산의 검토

자료의 분산은 여러 가지를 의미할 수 있다. 자료의 분산이 심하면, 낮은 상관관계를 의미할 수 있다. 또한 자료의 분산이 직선을 그리는 게 더 알맞은지 아니면 곡선을 그리는 게 더 알맞는지를 확인해야 한다. 만약 곡선이 확실하다면 Pearson 상관관계는 사용되지 말아야 한다. 이는 Pearson 상관관계는 선형 관계를 가정하고 있기 때문이다. 마지막으로 동분산성의 가정을 확인해야 한다. 분산의 검토에 관한 내용은 역시 제3장에 자세히 기술되어 있다.

Step 3 : 변수 간 방향의 확정

산점도는 두 변수가 긍정적 관계인지 부정적 관계인지 보여줄 수 있다. 만약 자료의 분산에 선을 긋는다면 그 선의 방향을 알 수 있다. 왼쪽에서 오른쪽으로 가면서 위를 향하는 선이라면 긍정적 관계를 의미한다. 직선이 왼쪽에서 오른쪽으로 가면서 아래를 향한다면 부정적 관계를 의미한다. 산점도의 분산을 살핀 후 변수 간의 관계가 대략 선형이라는 것이 확인되고 자료의 집결된 모양이 담배개비 모양으로 모여 있다면 Pearson 상관관계로 계속 진행해도 된다.

상관관계 분석 결과의 해석

Stata는 상관관계 분석을 통해 각 변수간의 Pearson 상관계수(r)를 보여주는 표를 제시해 준다. 또한 각 변수 간의 r 계수마다 유의수준과 사례수도 보고해 준다.

Step 1 : 표본에 대한 정보의 확인

상관분석 결과표에서 가장 먼저 봐야 할 것은 사례수인 N이다. 만약 결측값이 많다면 왜 그렇게 되었는지 알아봐야 한다.

```
. pwcorr total_ju peertoba, sig

             | total_ju peertoba
-------------+------------------
    total_ju |   1.0000
             |
             |
    peertoba |   0.2960   1.0000
             |   0.0000
             |
```

Step 2 : 방향성 확인

두 번째 해석단계는 변수 간 관계의 방향을 확인하는 것이다. r 계수 앞에 +가 있다면, 변수 간에 긍정적 상관관계가 있다는 의미이다. 즉, 한 변수의 수치가 높을수록 다른 변수의 수치가 낮아진다. 상관관계 계수는 긍정적이므로(0.296) 청소년 지위비행과 담배를 피는 횟수와는 긍정적인 상관관계가 있다는 것을 의미한다. 즉, 담배를 많이 피는 청소년들이 청소년의 지위비행을 더 많이 저지른다는 것이다.

Step 3 : 강도의 확인

결과의 해석에서 세 번째로 할 것은 Pearson 상관관계 계수의 크기를 생각해보는 것이다. 크기의 범위는 −1.00에서 1.00이다. 이 수치는 두 변수 간의 관계의 강도를 의미한다. 0의 상관관계는 관계가 전혀 없다는 것을 의미하고 1의 상관관계는 완벽한 긍정적 상관관계를, −1의 상관관계는 완벽한 부정적 상관관계를 의미한다. 0과 1 사이의 계수는 어떻게 해석하는가에 대해서는 논란이 있지만, 통상적으로 다음과 같이 이해한다.

Tip ● 상관계수(r)의 크기

r=.10에서 .29 혹은 r=−.10에서 −.29	작음
r=.30에서 .49 혹은 r=−.30에서 −.49	중간
r=.50에서 1 혹은 r=−.50에서 −1	큼

이 가이드라인은 상관계수가 부정적이든 긍정적이든 상관없이 적용된다. −는 상관계수의 방향성만을 알려주는 것이며, r=0.5와 r=−0.5는 계수의 강도는 똑같다. 위 예에서는 두 변수 간에 작은 상관관계(.296)가 있으므로 청소년의 지위비행과 담배를 피는 횟수 간에 약한 관계가 있음을 보여준다.

Step 4 : 유의수준 평가

마지막으로 상관관계 분석결과를 해석하는데 고려해야 할 것은 유의수준이다. 상관계수의 유의수준은 샘플 크기에 상당히 많은 영향을 받는다. 샘플이 작을 경우(예 : N=30) 상관관계 계수는 보통 정도라도 유의수준이 전통적인 $p<.05$ 수준까지 못 미칠 수 있다. 하지만 샘플이 큰 경우(N=100+) 매우 작은 상관관계 계수라도 통계적으로 유의할 수 있다. 본 예제에서는 p값이 0.000이므로 두 변수의 상관성은 통계적으로 유의미하다고 해석할 수 있다.

5절 신뢰도 분석

1 개 요

신뢰도에서 가장 중요한 것은 척도의 내적 일관성이다. 이것은 척도를 구성하는 문항들이 "함께 어울리는" 정도를 의미하며, 내적 일관성을 평가하는 데 사용되는 지수는 크론바흐 알파계수이다. 이상적으로는 크론바흐 알파계수가 0.7 이상이어야 한다. 크론바흐 알파계수는 varlist에 있는 모든 변수 간의 상관관계나 공분산을 계산하여 구한다.

그러나 크론바흐 알파계수는 척도의 문항 수에 민감한 편이다. 작은 척도는(예를 들어 문항이 10개 이하인 척도) 크론바흐 알파계수가 낮은 편이다(예 : 0.5). 이런 경우 문항 간의 상관관계 평균을 보고하는 것이 더욱 적절할 것이다. 또한 척도의 일부 문항이 부정적인 의미로 사용되었다면, 이 문항들은 신뢰도를 분석하기 전에 역코딩해야 한다.

2 분석과정

(1) 메뉴바를 이용한 신뢰도 분석

Statistics > Multivariate analysis > Cronbach's alpha

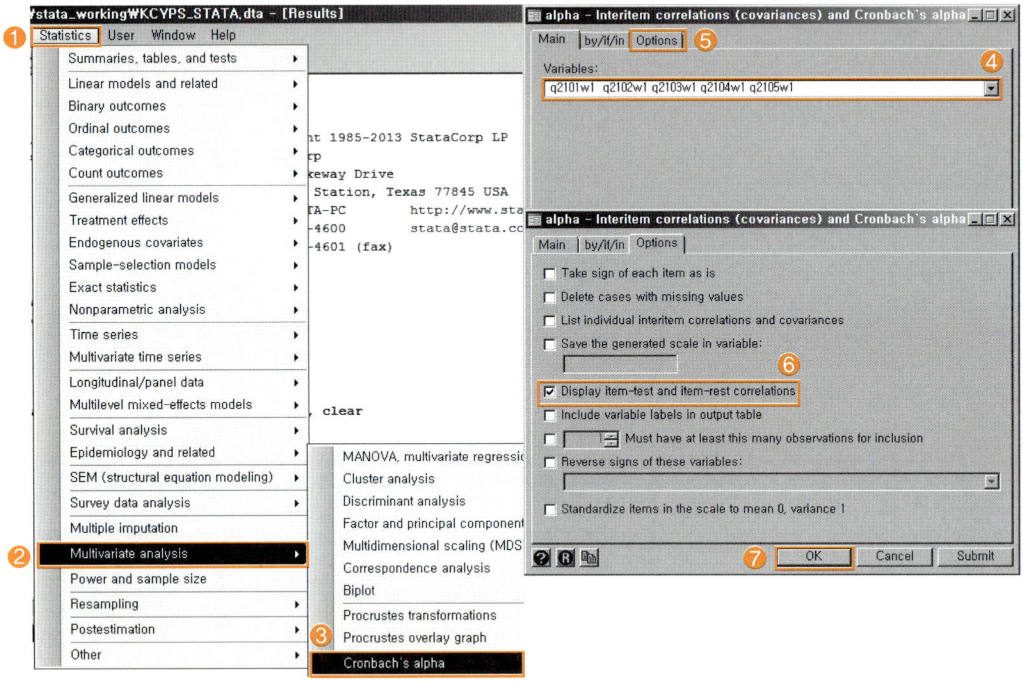

❶ 메뉴 중 Statistics를 클릭한다.
❷ 하단에 창이 열리면 Multivariate analysis를 클릭한다.
❸ 우측에 창이 열리면 Cronbach's alpha를 클릭한다.
❹ 새로운 창이 열리면 신뢰도 분석을 힐 변수를 입력한다.
❺ 새로운 창의 메뉴에 Options를 클릭한다.
❻ display item-test and item-rest correlations 박스를 체크한다.
❼ OK를 클릭한다.

(2) 명령어를 이용한 신뢰도 분석

alpha varlist [if] [in] [, options]
①　②　③

① alpha는 신뢰도를 분석하기 위한 명령어이다. ② 변수의 자리로 분석의 편의를 위하여 오름차순으로 변수를 입력한다. ③ 옵션으로는 asis(a), casewise(c), detail(d), generate(newvar), item(i), label(l), min(m), reverse(r), std(s) 등이 있다. casewise(c)는 결측값이 있는 케이스가 listwise 방법으로 삭제되도록 지정하는 옵션이다. Stata는 공분산과 상관관계의 pairwise 계산법을 디폴트하고 있다. detail 옵션은 개별 상관관계

와 공분산을 보여주라는 의미이다. item은 2개 이상의 항목들에서 각 항목이 제거된 경우 크로바흐 알파값이 어떻게 변화는지를 보여주는 옵션이다.

3 분석결과의 해석

```
. alpha q2101w1  q2102w1 q2103w1 q2104w1 q2105w1, item
Test scale = mean(unstandardized items)
```

Item	Obs	Sign	item-test correlation	item-rest correlation	average interitem covariance	alpha
q2101w1	2348	+	0.7617	0.6450	.325002	0.8248
q2102w1	2348	+	0.7850	0.6741	.3151156	0.8176
q2103w1	2348	+	0.8116	0.6674	.2763077	0.8190
q2104w1	2349	+	0.8306	0.7338	.2953394	0.8018
q2105w1	2349	+	0.7976	0.6352	.2782387	0.8316
Test scale					.298001	0.8496

신뢰도 분석결과를 해석하는 데 있어 제일 먼저 해야 할 것은 문항의 수가 맞는지 확인하는 것이다. 이는 신뢰도 분석이 척도를 구성하는 문항들이 "함께 어울리는" 정도를 의미하는 내적 일관성을 검증하기 때문에 몇 개의 문항이 투입되었는지를 확인하는 것이다.

다음으로, 신뢰도를 해석하는 데 있어 주목해야 하는 것은 알파계수이다. 분석결과에서 크론바흐 알파계수가 0.8496이므로, 사용된 척도는 신뢰도가 있는 것으로 해석할 수 있다. 부가적인 부분이지만 Stata의 분석결과에서 Sign은 변수들의 방향성에 대한 정보를 제공하고 있기 때문에, 역코딩 문제를 확인할 수 있다.

관심을 가져야 할 또 다른 정보는 교정된 총 문항 상관관계이다(item-test correlation). 이 통계치는 각 문항이 다른 변수들과 얼마만큼 상관관계가 있는지 보여준다. 여기서 낮은 수치는(0.3 이하) 해당 문항이 검증하고자 하는 변수와 다른 의미를 측정한다는 것이다. 만약 전체 크론바흐 알파계수가 너무 낮다면(예: 0.7 이하), 다른 변수와의 상관관계가 낮은 문항을 제외할 생각을 해봐야 한다. 문항이 삭제되었을 경우의 알파값은 각 문항이 제외되었을 때 알파값이 얼마만큼 변화하는지를 보여준다. 이 값들을 최종 알파계수와 비교해 봐서, 최종 알파계수보다 높다면 문제되는 문항을 척도에서 제외할 생각을 해봐야 한다.

Financial management

Stata

CHAPTER 05

탐색적 요인분석

CHAPTER 05 탐색적 요인분석

1절 개 요

요인분석(factor analysis)은 다변량분석(multivariate analysis) 통계방법 중에 한 가지로 인자분석이라고도 한다. 이 책에서 소개되는 통계방법들과는 다른 성격을 띠고 있으며 연구목적에 따라 적용시킬 수 있는 범위가 넓어 다양하게 활용되고 있다. 요인분석은 종속변수와 독립변수가 없으며 가설을 검증하거나 그룹 간의 유의미한 다른 점을 테스트하기 위해서 디자인된 통계방법이 아니다. 요인분석은 여러 가지의 변수들을 공통요인들끼리 묶어 그 숫자를 축소하는 기능을 하기 때문에 데이터 축소(data reduction)이라고 표현하기도 한다.

요인분석의 궁극적인 목적은 수많은 변수들 사이의 상호상관관계(inter-correlation)를 이용하여 연관성 있는 변수들끼리 무리(group)를 만들어준다. 다시 말해 변수들 사이에 서로 유사한 공통적인 부분을 모아서 요인(factor)을 만들어 주며 이것은 다루기 쉬운 크기로 축소시켜 주는 역할을 한다. 요인분석은 크게 두 가지로 분류되며 탐색적 요인분석(exploratory factor analysis)과 확인적 요인분석(confirmatory factor analysis)이 있다.

탐색적 요인분석은 말 그대로 요인을 탐색(explore)할 때 사용하는 통계방법으로 변수들 사이에 구조적으로 연관성 있는 상호상관계수를 찾아 동질성을 나타내는 요인

(factor)들끼리 묶어주는 기능을 한다. 반면 확인적 요인분석은 복잡하고 정교한 통계방법으로써 특정한 가설이나 이론으로부터 도출된 변수들(기존의 연구 또는 이론적인 배경에 의하여 이미 알려져 있거나 정의가 된 요인)의 구조를 확인(confirm)하는 데 목적이 있어 서로 다르다.

2절 목 적

요인분석을 이해하기에 앞서 잠재변수(latent variable)에 대한 개념을 먼저 알아야 한다. 일반적으로 잠재변수란 직접적으로 측정할 수 없는 변수들을 말하며 관측이 안 된 변수(unobserved variable)라고 말하기도 한다. 예를 들어 성별, 나이, 몸무게와 같이 직접적으로 측정을 할 수 있는 변수들이 있지만 복잡한 사회현상과 같이 직접적으로 측정을 할 수 없는 변수들도 있다. 특히, 사회과학이나 심리학 분야에서 직접적으로 측정할 수 없는 복잡한 사회현상을 측정하려 많은 시도를 하고 있다. 이렇게 직접적으로 측정하기 불가능한 사회현상들은 여러 가지 질문을 통해 간접적으로 측정할 수 있으며 여기서 사용된 질문들을 항목(items)이라고 부른다. 이렇게 측정된 여러 항목들이 통합되어 하나의 변수로 만들어진다. 하지만 이렇게 통합된 항목들이 하나의 변수를 대변할 수도 있고 아닐 수도 있다.

이런 수많은 항목들은 서로 비슷한 공통적인 요인들을 포함하고 있는 경우가 많기 때문에 각 항목들에 잠재되어 있는 공통적인 요인들을 찾아내고 서로 구분할 필요성이 있다. 요인분석은 이러한 부분들을 가능하게 만든다. 탐색적 요인분석을 사용하는 이유는 크게 세 가지로 들 수 있다. 첫째, 여러 가지 항목들로부터 측정된 변수들의 내부에 존재하는 구조를 파악하는 데 도움을 준다. 둘째, 어떤 변수를 측정하기 위한 항목들을 구성하는 데 유용하게 사용되므로 측정도구 즉 척도(scale)를 만드는 데 도움이 된다. 마지막으로 수많은 변수들의 공통적인 요인을 찾아내 묶어주고 중요도가 낮은 변수를 제거함으로써 다루기 쉬운 크기로 축소시켜주는 역할을 한다. 만약 서로 다른 수많은 항목들이 같은 변수를 대변하고 있다면 어떤 현상에 대하여 정확한 인과관계를 찾아내는 데 문제가 발생할 것이다.

특히 이런 현상은 다중회귀분석(multiple regression)에서 다중공선성(multicollinearity)의 문제로 나타나 명확한 해석에 영향을 미친다(제6장 다중회귀분석 참고). 하지만 요인분석은 공선성(collinearity)이 있는 변수들끼리 묶어주는 역할을 하기 때문에 다중회귀분석과는 반대로 어느 정도의 다중공선성이 존재해야 하며 다중회귀분석의 다중공선성 문제를 해결하는 데 도움이 된다.

3절 가 정

1 예비분석

요인분석을 실행하기에 앞서 다양한 기본가정들을 충족시켜야 한다. 하지만 탐색적 요인분석은 다른 통계분석방법과는 다른 성격을 띠고 있어 상대적으로 간단한 기본적인 가정들을 충족시키면 된다. 앞서 논의한 예비분석단계에서 기본적으로 고려해야 할 가정들을 충족하였다면 그것으로 충분하다(제3장 참고). 하지만 그 외에 추가적으로 고려해야 할 가정들이 있다. 첫째, 모든 변수는 연속형 변수(continuos variable)로 측정값에 등간격(interval)이 있어야 한다. 둘째는 표본의 크기이다. 표본의 크기는 학자들마다 견해가 조금씩 틀리지만 일반적으로 300개 이상이 되어야 신뢰도가 높은 결과를 얻을 수 있다고 말하며 적어도 100 이상은 있어야 한다. 어떤 학자는 항목(item)하나당 10개의 표본이 있어야 적당하다고 한다. 표본의 크기와 상관없이 요인이 네 개 이상 묶였을 경우 요인적재값(factor loadings)이 .60 이상을 보이고 있을 때 결과에 대한 신뢰성이 높다고 한다. 하지만 표본의 크기가 300 미만이고 적은 수의 요인이 묶이면 요인분석을 사용하지 않는다. 이렇게 학자들마다 견해가 다르지만 때문에 표본의 크기는 클수록 분석에 대한 신뢰도는 높아진다고 볼 수 있다(제3장 참고).

2 사후분석 가정/모형 적합도

사후분석 가정(post-analysis assumptions)은 요인분석을 적용을 한 후 표본의 모형 적합도(model fit)를 점검하는 가정(assumptions)들로 요인분석이 가능한 데이터 구조를 가지고 있는가를 점검하는 것을 말하며 Kaiser-Meyer-Olkin(KMO)과 Bartlett's sphericity test가 있다. KMO는 표본의 크기와 변수의 수의 적절성을 측정하는 통계값이다. KMO 측정값의 범위는 0에서 1을 타나내며 만약 측정값이 .6 이상 나올 경우 요인분석 통계방법을 적용하기 적합한 데이터라고 할 수 있다. Bartlett's sphericity test는 요인분석 모델의 적합성을 검증하는 것으로 영가설(null hypothesis)을 기각할 경우 ($p<.05$) 적합한 모델이라고 판단한다.

4절 요인추출

1 요인추출모델의 결정

앞서 소개한 바와 같이 직접적으로 측정하기 불가능한 사회현상들은 여러 가지 질문을 통해 간접적으로 측정하며 이런 질문/항목(items)들이 통합되어 하나의 변수로 만들어진다. 하지만 이렇게 통합된 항목들이 하나의 변수를 대변할 수도 있고 아닐 수도 있다. 이런 수많은 항목들은 서로 비슷한 공통적인 요인들을 포함하고 있는 경우가 많기 때문에 각 항목들에 잠재되어 있는 공통적인 요인들을 찾아내고 서로 구분할 필요성이 있다. Stata에서는 여러 가지 요인추출모델(factor extraction model) 방법을 소개하며 가장 많이 사용되는 두 가지는 다음과 같다.

(1) Principle Components Factor(PCF)

PCF는 주성분분석(PCA : principle component analysis)과 같은 개념으로 요인의 수를 최소화하고 정보의 손실을 최소화하고자 할 때 많이 사용한다. 연구자가 측정하려는 변수를 하나의 개념(uni-dimensional factor), 즉 1 차원으로 설명할 때 사용되는 방법이다. 예를 들어 1990년에 갓프레드슨(Gottfredson) 과 허쉬(Hirschi)는 자기통제이론(self-control theory)을 발표하면서 자기통제(self-control)에 대한 개념을 6개의 항목(items)으로부터 측정하였다. 이렇게 자기통제(self-control)를 측정하려는 6개의 항목이 하나의 개념으로 설명될 때 PCF 방법을 선택하여 요인분석을 한다.

(2) Principle Factor(PF)

PF는 공통요인분석(CFA : common factor analysis)과 비슷한 개념으로 변수들 사이에 존재하는 차원을 규명함으로써 변수들 사이의 구조를 파악하는 데 유용하게 사용된다. 예를 들어 1993년에 그라스믹(Grasmick)은 갓프레드슨(Gottfredson)과 허쉬(Hirschi)의 자기통제(self-control)에 대한 개념을 24개의 항목(items)을 통해 여러 가지 차원(multi-dimensional factor)으로 측정하였다. 이렇게 자기통제(self-control)를 측정하려는 24개의 항목이 하나가 아닌 여러 개의 개념, 즉 다차원(multi-dimension)으로 설명될 때 PF방법을 선택하여 요인분석을 한다.

2 요인회전 방법

요인회전은 말 그대로 요인을 회전시키는 것을 말하며 요인의 축이 다른 위치에 적절하게 도달할 때까지 회전시키는 것을 말한다. 회전을 시키는 목적은 이론적으로 의미가 있는 요인을 찾아내기 위해서이다. 요인 적재치(factor loading)가 큰 값은 더 크게 확대시켜 명확하게 나타나게 하며 작은 값은 축소시켜 요인행렬의 해석을 쉽게 만들어주는 역할을 한다. 회전방법에는 크게 두 가지가 있으며 각도를 90도로 유지하며 회전시키는 직각회전(orthogonal rotation)과 직각을 유지하지 않고 회전시키는 사각회전(oblique rotation)이 있다.

직각회전은 회전축을 직각을 유지시켜 주며 회전을 시킨다. 이것은 요인들이 서로 독립적이라는 전제조건을 가정을 가지고 있으며 요인구조가 가장 뚜렷하게 나올 때까지 요인을 회전시켜 주는 방법이다. 반대로 사각회전은 추출된 요인들 사이에 상관관계가 있다고 가정을 하며 요인들이 완전히 독립적이지 않다는 가정으로부터 출발한다. 다시 말해 직각을 유지하지 않으면서 요인구조가 뚜렷해질 때까지 회전시켜 주는 방법이다. 이 두 가지 방법을 통해 최종적으로 공통된 요인이 결정된다.

직각회전(orthogonal rotation)에는 베리맥스(varimax), 쿼티맥스(quartimax), 이큐멕스(equamax) 등이 있으며 사각회전(oblique rotation)에는 Direct oblmin의 방법이 적용된다. 베리맥스방법은 요인행렬에서 열(column)을 중심으로 단순화시키는 방법으로 각 요인의 동질성을 갖고 있는 변수들끼리 묶어주고 그 숫자를 최소화함으로써 요인에 대한 해석을 단순화시키는 방법이다. 베리맥스는 요인구조를 가장 단순하고 명확하게 해주며 해석이 용이하기 때문에 가장 많이 사용되는 방법 중에 하나다. 쿼티맥스 방법은 요인의 숫자를 최소화하는 것에 중점을 두고 회전하는 방식으로 요인행렬의 행(row)을 중심으로 단순화시킨다. 이큐맥스는 베리맥스와 쿼티맥스의 통합된 방법이다. Direct oblmin은 요인들 사이의 상관관계를 델타(delta)값으로 지정해주어 그 허용범위를 결정해준다. 델타값의 0은 완벽한 상관관계를 보여주고 음수의 값을 가질수록 독립적인 관계를 말해준다.

3 요인 수의 결정/보유 표준

요인추출을 통하여 공통된 여러 가지 요인들이 묶인다. 하지만 이 중에 몇 개의 요인을 선택할 것인가는 요인분석에서 가장 중요한 부분 중에 하나이다. 요인의 수를 선택하는 방법은 여러 가지가 있으며 통계적 방법과 그래프를 이용하는 방법으로 나뉜다. 각각의 방법은 표본의 크기와 변수의 숫자에 따라서 추출되는 요인의 숫자가 서로 다르게 나타난다. 그리고 대부분의 연구자들은 서로 다른 수의 요인이 묶이는 것을 경험하게 되며 만족할 만한 요인이 묶일 때까지 다양한 방법들을 적용하여 가장 이상적인 방법을 선택하게 된다. 경우에 따라 선행연구 또는 이론적 배경을 바탕으로 몇 개의 요인이 적절한지를 연구자가 선택하여 분석하기도 한다.

통계적 접근방법

통계적 접근방법은 통계적으로 산출된 값에 의하여 결정하는 방법으로 다양한 방법이 있으며 그 방법은 다음과 같다.

(1) 고윳값(eigenvalue)

고윳값은 Kaiser에 의해 적용되었으며 Kaiser규칙이라고 불리기도 한다. 이것은 가장 많이 적용되는 방법 중에 하나로 각각의 요인이 설명할 수 있는 총 분산(total variance)을 나타낸다. 고윳값은 요인적재값의 제곱의 합으로서 1.0 또는 그 이상이 되는 값을 요인을 선택하게 된다. 일반적으로 변수의 수가 20개가 넘을 경우 적절한 방법으로 사용된다.

(2) 분산(variance)

분산은 고윳값을 변수의 수로 나누어 총분산(total variance)에 대한 비율을 나타내며 일반적으로 총분산의 70% 내외를 요인으로 결정한다.

(3) Parallel Analysis(PA)

Parallel Analysis는 많이 알려져 있지 않은 방법 중에 하나로 요인의 수를 선택하는 기준을 제시해준다. 일반적으로 고윳값, 분산, 스크리 플랏을 통해 요인을 선택한다. 하지만 이렇게 많이 사용되는 방법들이 너무 많거나 너무 적은 수의 요인을 선택되기 때문에 많은 비판을 받아왔다. Parallel Analysis는 Monte Carlo의 시뮬레이션 테크닉으로 이러한 부분을 보완하기 위해서 적용된 방법이다. 가장 널리 알려져 있고 많이 사용되는 Kaiser규칙은 고윳값(eigenvalue) 1.0이라는 기준을 적용한다. 하지만 서로 다른 성격을 띠고 있는 모든 데이터에 같은 값을 기준으로 적용하여 요인을 선택하는 것은 너무 단순하고 경우에 따라 문제가 발생한다. Parallel Analysis는 표본의 크기, 항목(items)의 숫자, 각 변수의 성격(라이커트 척도의 숫자)에 따라 시뮬레이션을 통해 무작위로 선출된 표본으로부터 새로운 고윳값을 산출해 낸다. 이렇게 새롭게 산출된 고윳값은 데이터마다 서로 다르며 이렇게 산출된 고윳값은 요인으로 선택하는 기준이 된다. 거의 대부분의 통계프로그램 패키지에서 Parallel Analysis에 대한 옵션이 없기 때문에 많이 알려져 있지 않지만 온라인을 통해 쉽게 syntax를 다운받아서 사용할 수 있다.

그래프를 이용한 방법

스크리 플랏(scree plot)은 각 요인의 고윳값(eigenvalue)를 그림으로 보여주는 방법으로 Catell에 의해서 처음 적용되었다. 그래프를 이용하여 눈으로 직접 확인하는 방법으로 스크리 테스트(scree test)라고 불리기도 한다. 스크리 플랏의 X축은 고윳값(eigenvalue)을 나타내며 Y축은 요인의 숫자를 그래프로 표시해주기 때문에 눈으로 직접 확인이 가능하다. 급격하게 꺾여 있는 부분을 찾아내어 꺾인 선을 기준으로 요인을 결정하게 된다. Catell은 팔꿈치(elbow)의 꺾인 부분을 비유하여 설명하였으며 꺾인 부분을 요인 수를 결정하는 데 기준으로 사용한다.

5 절 분석과정

아동 · 청소년패널데이터에서 친구애착을 측정했던 5개의 질문/항목(items)을 탐색적 요인분석을 이용하여 측정된 항목들 사이에 구조적으로 연관성 있는 상호상관계수를 찾아 동질성을 나타내는 요인(factor)들끼리 묶어주기로 한다.

분석방법

(1) 메뉴바를 이용한 요인분석

Statistics > Multivariate analysis > Factor and principal component analysis > Principal component analysis(PCA)

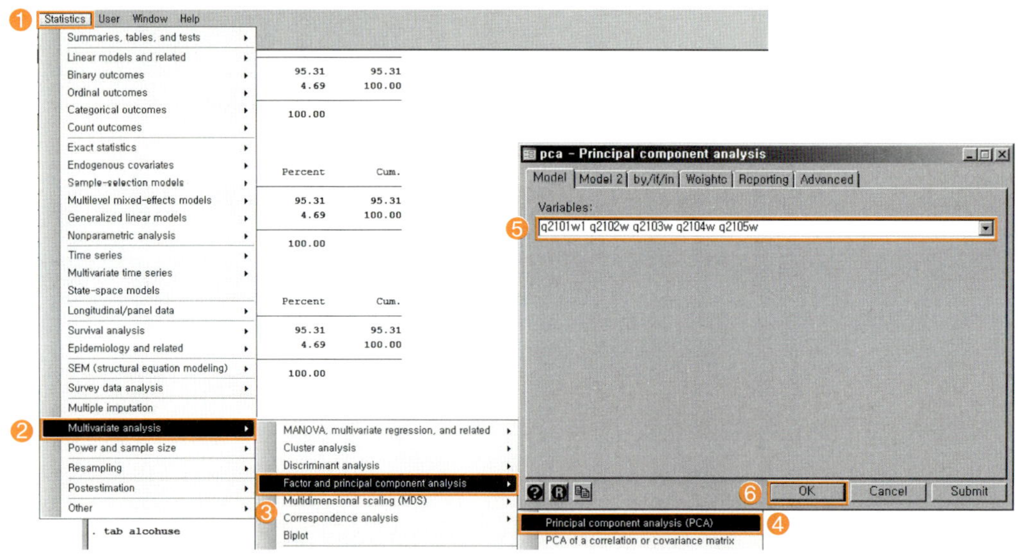

❶ 메뉴 중 Statistics를 클릭한다.
❷ 하단에 창이 열리면 Multivariate analysis를 클릭한다.
❸ 우측에 창이 열리면 Factor and principal component analysis를 클릭한다.
❹ 우측에 창이 열리면 Principal component analysis(PCA)를 클릭한다.
❺ 새로운 창이 열리면 요인분석을 할 변수를 입력한다.
❻ OK를 클릭한다.

(2) 명령어를 이용한 요인분석

factor varlist [if] [in] [weight] [, method options]
① ② ③

① factor는 요인분석을 실행하는 명령어이다. ② 연구자가 요인분석을 하고자 하는 변수들을 나열하면서 입력하면 된다. ③ factor 명령어의 분석 옵션으로는 pf, pcf, ip, ml 등이 있으며, pf가 디폴트 되어 있다. 탐색적 요인분석을 위해서는 pcf 옵션을 활용하여 요인을 추출하여야 한다. pf는 correlation matrix를 분석하기 위해 principal-factor method가 사용되도록 지정하는 것으로, 공통치(communality) 추산을 위해 squared multiple correlations를 사용한다. pcf는 correlation matrix에 principal-component factor method이 사용되도록 지정하며, 공통치(communality)는 1임을 가정한다.

친구애착은 하나의 개념(uni-dimensional factor)으로써 1차원적 요인이므로 Principle components factor(PCF)를 사용하여 요인의 수를 최소화하였으며 회전방법은 varimax를 선택하였다. 친구애착에 대한 탐색적 요인분석의 분석결과는 다음과 같다.

분석결과 해석

요인분석에 제일 먼저 확인할 부분은 추출된 요인(factor)의 고윳값(eigenvalue)이다. 고윳값은 요인이 설명하는 변수들의 분산의 크기를 의미한다. 고윳값이 1 이하라는 것은 요인 하나가 변수 하나의 분산도 다 설명하지 못하는 것이므로 추출된 요인의 값이 1보다 작은 경우 요인분석에서 제외된다.

```
. factor q2101w1 q2102w1 q2103w1 q2104w1 q2105w1, pcf
(obs=2348)

Factor analysis/correlation                      Number of obs    =     2348
    Method: principal-component factors          Retained factors =        1
    Rotation: (unrotated)                        Number of params =        5

    --------------------------------------------------------------------------
         Factor  |   Eigenvalue   Difference        Proportion   Cumulative
    -------------+------------------------------------------------------------
        Factor1  |      3.19967      2.40432            0.6399       0.6399
        Factor2  |      0.79535      0.43529            0.1591       0.7990
        Factor3  |      0.36006      0.01169            0.0720       0.8710
        Factor4  |      0.34837      0.05182            0.0697       0.9407
        Factor5  |      0.29655            .            0.0593       1.0000
    --------------------------------------------------------------------------
    LR test: independent vs. saturated:  chi2(10) = 5529.39 Prob>chi2 = 0.0000

Factor loadings (pattern matrix) and unique variances

    ------------------------------------
        Variable |  Factor1 | Uniqueness
    -------------+----------+-----------
         q2101w1 |   0.7977 |     0.3637
         q2102w1 |   0.8180 |     0.3309
         q2103w1 |   0.7774 |     0.3957
         q2104w1 |   0.8503 |     0.2769
         q2105w1 |   0.7529 |     0.4331
    ------------------------------------
```

❶ 변수(variables)

❷ 요인추출모델 : Principal-components factring

❸ Proportion은 각각의 요인의 변량(variance)의 값을 보여준다. 예를 들어 첫 번째 요인인 Factor1의 proportion 값은 .6399를 나타내며 전체변량의 63.99%를 설명하는 값을 의미한다.

❹ Cumulative는 설명할 수 있는 변량의 누적된 값을 의미한다. 예를 들어 첫 번째와 두 번째의 요인이 설명할 수 있는 변량은 .7990으로 전체변량의 79.90%를 설명한다.

❺ Uniqueness는 다른 변수와 관련성이 없는 변량을 의미하며 1-공통성(communality: 다른 변수와 관련성이 있는 변량)으로 계산을 한다. 예를 들어 factor1의 .3637은 전체 요인모델에서 36.37%의 변량이 다른 변수들과 연관성이 없다는 것을 의미한다.

❻ 요인적재값을 나타내며 변수들 사이의 상관관계 값을 의미한다. 요인적재값이 높을수록 요인과 좀 더 의미 있는 관계를 나타낸다. – 값을 나타내는 경우가 있는데 이것은 요인에 반대(Inverse)관계를 의미한다. 여기에서는 아이젠값이 1보다 큰 요인이 하나이므로 한 개의 요인으로 묶였다.

❼ Difference는 각각의 요인들 사이의 서로 다른 고윳값을 나타낸다. 예를 들어 2.40432는 factor1과 factor2 사이의 차이 값을 나타낸다.

❽ Eigenvalue는 고윳값으로 각각의 요인이 설명할 수 있는 총분산을 나타낸다. 가장 많이 적용되는 Kaiser 규칙(고윳값이 1보다 크거나 같은 요인)을 통해 적절한 요인을 선택한다.

다음으로 확인해야 하는 것은 분산(proportion)값이다. 분산은 요인분석에 사용된 총 분산에 대한 설명력을 의미하는 것으로 요인 1(factor 1)이 총 분산의 약 64%를 설명하는 것으로 나타났다.

변수와 요인과의 관계를 확인하기 위해서는 요인적재값(factor loading)을 확인해야 한다. 본 예시는 표에서 요인1(factor1) 변수들이 교차하는 셀의 값이 요인적재값(factor loading)으로 요인과 변수의 상관계수의 값을 나타낸다.

스크리 플랏(scree plot)은 4개의 요인을 고윳값(eigenvalue)에 따라 연속적으로 그래프상에 배열되어 있으며 그 결과는 다음과 같다([그림 5-1]). 급격하게(팔꿈치처럼) 꺾여 있는 부분이 두 번째 요인임을 확인할 수 있다. 꺾인 부분에 속하는 두 번째 요인을 제외한 나머지를 요인으로 보면 된다. 따라서 스크리 플랏(scree plot) 역시 하나의 요인으로 묶이는 것을 알 수 있다.

[그림 5-1] 스크리 플랏

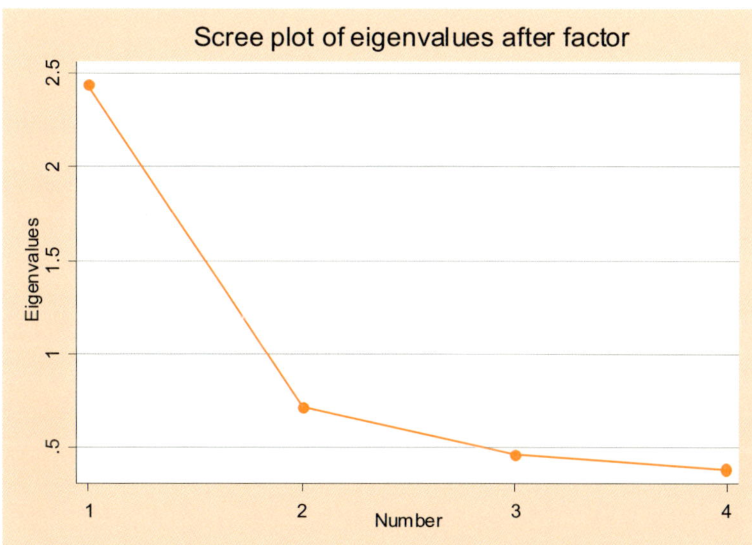

마지막으로 Parallel analysis이다. Parallel analysis는 새로운 기준의 고윳값을 산출해 내는 것으로 fapara의 명령어와 pca, reps(10) 옵션을 사용한다. reps(10)은 무작위로 산출된 10개의 표본의 고윳값의 평균값을 나타낸다는 것이며 그 결과는 다음과 같다. Parallel analysis는 새롭게 산출된 고윳값이 기준이 되어 그보다 큰 값을 나타내는 요인을 선택하면 된다. 점선(PA)은 새롭게 산출된 고윳값이 되며 그보다 큰 값을 나타내는 요인을 선택하는 방법이다([그림 5-2]). 따라서 Parallel analysis도 하나의 요인으로 묶인다는 것을 알 수 있다. 일반적으로 가장 널리 사용되는 Kaiser 규칙(1보다 큰 값)이 많은 수의 요인을 선택하게 된다는 비판이 많아 Parallel analysis를 통해 새롭게 산출된 아이젠 값을 기준으로 하면 보다 정확한 요인을 선택할 수 있다.

```
. fapara, pca reps(10)

PA -- Parallel Analysis for Principal Components -- N = 2348
PA Eigenvalues Averaged Over 10 Replications
          PCA          PA          Dif
  1.    3.199671    1.054485     2.145185
  2.    .7953528    1.021855    -.2265022
  3.     .360058    1.002038    -.6419798
  4.    .3483688    .9738926    -.6255239
  5.    .2965496    .9477291    -.6511795
```

[그림 5-2] Parallel Analysis 스크리 플랏

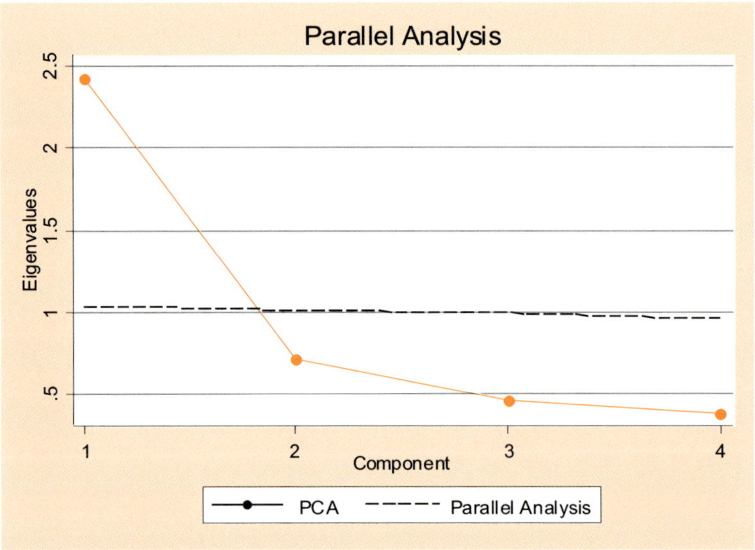

네 가지 방법을 종합해본 결과 친구애착에 대한 탐색적 요인분석은 하나의 요인만 추출되었음을 알 수 있다. 다섯 개 항목(q2101w1, q2102w1, q2103w1, q2104w1, q2105w1)의 요인적재값(factor loadings)이 모두 .7 이상을 나타내고 있어 친구애착은 다섯 개의 항목으로 이루어진다는 것을 알 수 있다.

Financial management

Stata

CHAPTER 06

회귀분석

CHAPTER 06 회귀분석

사회과학분야에서 가장중심이 되는 개념 중에 하나가 두 변수 간의 관계를 어떻게 규명하느냐에 있다. 일반적으로 상관관계(correlation)분석을 통해 두 변수 간의 관계가 있음을 알 수 있지만 인과관계(causal relationship)를 설명하는 것은 아니다. 그러나 회귀분석은 독립변수(independent variable)와 종속변수(dependent variable) 간의 상관관계(corelation)에 기초를 두는 상관분석에 근거하지만 상관분석에서 파악할 수 없는 정보를 제공해 주며 두 가지의 추가적인 기능을 한다. 첫 번째는 회귀방정식을 통해 종속변수의 변화를 독립변수들의 선형조합(linear equation)으로 설명해 줌으로써 독립변수들이 한 단위씩 증가할 때 종속변수가 선형으로 얼마만큼 증가 또는 감소하는지를 예측(prediction)하는 기능을 한다. 두 번째는 변수들 사이에서 가능한 인과관계(causal relationship)를 설명해 주는 역할을 한다.

회귀분석은 가장 널리 사용되는 통계방법으로 종속변수의 형태와 독립변수의 숫자에 따라 다양한 방법을 적용할 수 있다. 일반적으로 선형 회귀분석(linear regression analysis)과 비선형 회귀분석(nonlinear regression analysis)로 구분된다. 선형 회귀분석은 종속변수와 독립변수 간에 선형함수 관계가 존재하며 두 개 또는 그 이상의 연속성을 띠는 변수(양적변수)들의 관계를 기술하고 추론 하는 통계방법으로 독립변수가 1개일 때 단순회귀분석(simple regression analysis)을 사용하고 독립변수가 2개 이상일 때를 다중회귀분석(multiple regression analysis)을 사용한다. 하지만 종속변수가 연속성을 띠지 않을 경우(이항변수) 선형모형을 적용하기 어렵다. 이러한 경우에는 비선형 회귀분석의 대표인 로지스틱 회귀분석을 사용하여 변수 간의 인과관계를 설명한다.

1 절 선형 회귀분석

1 기본 개념

선형 회귀분석(linear regression analysis)은 두 개 또는 두 개 이상의 변수들의 상관관계를 선으로 관계를 묘사해주는 것으로 연속성을 갖는 하나의 종속변수와 여러 가지 형태의 독립변수 또는 예측변수 사이의 관계를 알아보기 위해 쓰이는 방법이다. 예를 들어 청소년의 흡연행위를 알기 위해 흡연행위에 영향을 미칠 것으로 예상되는 독립변수(주로 범죄이론에 근거한 변수들 + 여러 가지 통제변수: 나이, 성별, 가족형태 등)들을 회귀방정식에 투입하여 각각의 독립변수들이 얼마만큼 종속변수(청소년 흡연행위)를 설명하는지 파악할 수 있다. 즉, 상관분석에서는 두 변수(주로 독립변수와 종속변수) 간의 상관된 정도(상관계수: r)와 방향(+방향과 −방향)만을 제공해 주지만 다른 독립변수들을 통제하지 못한다는 단점을 가지고 있다. 그러나 회귀분석에서는 상관분석에서 제공하는 정보뿐만 아니라 다른 변수들을 통제한 상태에서 각각의 독립변수들이 종속변수를 얼마나 잘 설명하는지 알 수 있다.

또한 표준화된(standardized) 회귀계수(B)를 통해 독립변수들 중에서 어떤 변수가 종속변수를 가장 잘 설명하는지도 알 수 있으며, 결정계수(R^2)를 통해 회귀방정식에 투입된 전체 독립변수들이 종속변수를 얼마만큼 잘 설명하는지도 파악할 수 있다. 예를 들면, 청소년흡연행위의 원인을 파악하기 위해 사회유대이론에 근거한 '부모와의 애착' 변수와 사회학습이론에 근거한 '친구와의 차별직 접촉' 변수 중 어떤 변수가 청소년 흡연행위를 더 잘 설명하는지를 파악할 수 있으며 두 변수가 합해서 전체 회귀모델의 설명력(R^2)도 파악할 수 있다. 이를 위해 독립변수에는 부모와의 애착, 친구와의 차별접촉이 설정되고 통제변수로는 나이, 성별 등이 회귀방정식에 투입될 수 있다. 회귀분석 결과 나이와 성별을 통제한 상태에서 부모와의 애착 회귀계수와 친구와의 차별접촉이란 회귀계수의 절댓값을 통해 두 독립변수 중 어떤 변수가 청소년 흡연행위를 더 잘 설명하는지를 알 수 있다. 또한 결정계수(R^2)를 통해 전체 독립변수들이 청소년 흡연행위를 얼마만큼 설명할 수 있는지를 파악할 수 있으므로 각 이론의 상대적 검증력을 확인하는 데 유익한 분석방법이다.

2 회귀식의 모형

일반적으로 회귀식의 모형은 다음과 같다.

● 단순회귀분석(독립변수가 1개일 때) : $Y=\alpha+\beta_1 X_1+\varepsilon$
● 다중회귀분석(독립변수가 2개 이상일 때) : $Y=\alpha+\beta_1 X_1+\beta_2 X_2 \cdots \beta_i X_i+\varepsilon_i$

Y : 모집단의 회귀방정식
α : 모집단의 절편(회귀상수)
β : 모집단의 회귀계수
ε_i : 오차(X_i에 의해 설명되지 않는 오차)

회귀식에서 X와 Y의 관계를 알기 위해서는 모집단의 회귀계수인 α와 β를 추정해야 하는데 사회과학에서 모집단의 전체 자료를 수집하는 것은 불가능하다. 따라서 모집단을 가장 잘 대표하는 표본을 추출하여 얻은 표본통계량을 통하여 모수(parameter)를 추정할 수밖에 없다. 표본으로부터 얻은 회귀식은 다음과 같이 표시된다.

$$\hat{Y}=\hat{\alpha}+\hat{\beta}_1 X_1=a+b_1 X_1$$

여기서 Y는 표본회귀식으로부터 얻은 종속변수에 대한 예측치이고 X_1은 표본으로부터 얻은 독립변수의 예측값이다. a와 b_1은 모집단의 회귀계수인 α와 β를 추정하기 위해 표본에서 추출된 표본회귀계수를 의미한다. 회귀분석에서는 Y의 모집단 실제값과 표본으로부터 얻은 독립변수의 예측값 $\hat{Y}$ 사이의 차이를 최소화하는 회귀식을 산출하는데 이를 최소제곱법(least square method)이라 한다. 최소제곱법은 다음의 식에서처럼 모집단의 실제값과 표본으로부터 얻은 회귀식으로 예측되는 값과의 차이를 최소화하는 $\hat{\alpha}$, $\hat{\beta}$를 추정해내는 방법을 말한다. 이를 회귀식과 그림으로 나타내면 다음과 같다.

$$\text{minimize } \varepsilon_i^2=\sum_{i=1}^{n}[Y_i-(\hat{\alpha}+\hat{\beta})] : \text{최소제곱법}(O.L.S.)$$

$$\hat{Y}=\hat{\alpha}+\hat{\beta}X : \text{추정된 회귀식}$$

[그림 6-1]

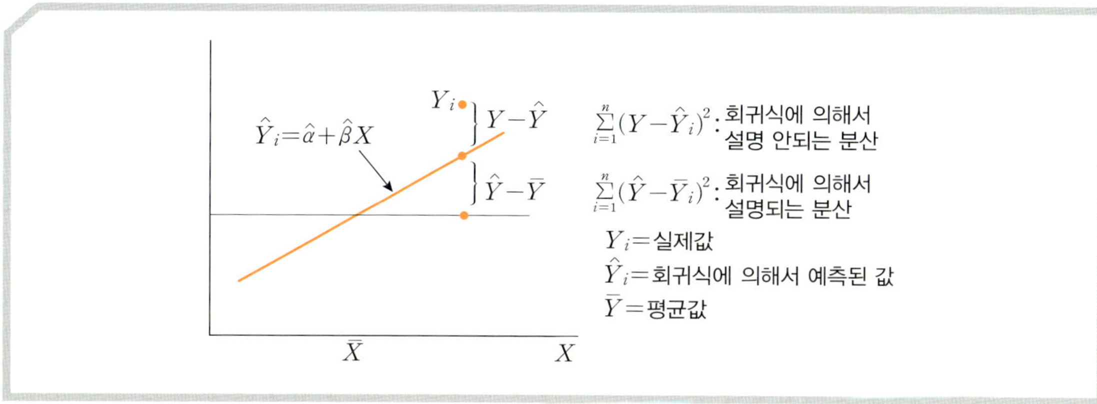

따라서 최소제곱법은 우리가 실제로 알고 싶은 모집단의 실제값(Y_i)과 표본의 통해 예측된 $\hat{Y}$ 값의 오차의 제곱의 합이 최소가 되는 값을 구하는 방법을 의미한다.

3 선형 회귀분석의 활용 예

범죄학과 형사사법학에서 회귀분석은 상당히 많이 사용된다. KCYPS(아동 · 청소년 패널자료) 를 예로 들어 설명하면, 청소년흡연(종속변수)에 영향을 미치는 요인(독립변수)에는 어떤 것이 있는지 알아보면 청소년흡연행위라는 종속변수를 설명하는 독립변수들은 상당히 다양하다. 예를 들면, 허쉬(Hirschi)의 사회유대이론으로 청소년 흡연행위를 설명할 수 있으며, 애그뉴(Agnew)의 일반긴장이론을 사용하여 청수년 흡연행위를 설명할 수도 있다. 허쉬의 주장에 따르면, 개인과 사회 사이의 유대가 약하거나 깨졌을 때 청소년비행이 발생한다. 사회유대를 설명하는 변수에는 크게 네 가지가 있는데 그것은 애착(attachment), 관여(commitment), 참여(involvement), 신념(belief) 등이 있다. 즉 청소년들이 부모나 교사와의 애착이 약하면 약할수록(애착), 관습적인 활동인 학교성적이 나쁘면 나쁠수록(관여), 과외활동이나 가족과의 여가활동 등이 적으면 적을수록(참여), 통상적인 사회적 가치와 규범을 잘 따르지 않을수록(신념) 청소년 자신이 담배를 피울 가능성이 높아진다. 허쉬의 사회유대이론을 적용하여 회귀분석을 실행한 예는 다음과 같다.

단순회귀분석의 예

가설 1 : 부모와의 애착(X_1)이 약하면 약할수록 청소년 자신이 담배를 피울 가능성(Y)은 높아진다.

회귀방정식 : Y(청소년 흡연행위)$=\alpha$(회귀상수)$+\beta_1$(회귀계수)X_1(부모와의 애착) $+\varepsilon$(오차: 부모와의 애착으로 설명되지 않는 부분)

가설 2 : 학교성적(관여)이 나쁘면 나쁠수록 청소년 자신이 담배를 피울 가능성은 높아진다.

회귀방정식 : Y(청소년 흡연행위)$=\alpha$(회귀상수)$+\beta_1$(회귀계수)X_1(학교성적) $+\varepsilon$(오차: 학교성적으로 설명되지 않는 부분)

다중회귀분석의 예

사회유대이론의 4가지 개념을 사용하여 청소년 흡연행위를 예측한다면 다음과 같은 가설을 설정할 수 있다.

가설 1 : 청소년들이 부모나 교사와의 애착이 약하면 약할수록(애착), 관습적 활동인 학교성적이 나쁘면 나쁠수록(관여), 과외활동이나 가족과의 여가활동 등이 적으면 적을수록(참여), 통상적인 사회적 가치와 규범을 잘 따르지 않을수록(신념) 청소년 자신이 담배를 피울 가능성이 높아진다.

회귀방정식 : Y(청소년 흡연행위)$=\alpha$(회귀상수)$+\beta_1$(회귀계수)X_1(부모와의 애착) $+\beta_2$(회귀계수)X_2(학교성적: 관여)$+\beta_3$(회귀계수)X_3(여가활동: 참여) $+\beta_4$(회귀계수)X_4(신념)$+\varepsilon$(오차: 사회유대이론의 4가지 독립변수로 설명되지 않는 부분)

위의 단순회귀방정식이나 다중회귀방정식의 예에서처럼 종속변수인 청소년흡연행위를 사회유대이론(독립변수)으로 설명할 수 있다. 아동 · 청소년패널자료에서는 이런 회귀분석의 예를 상당히 많이 찾아 볼 수 있다. 애그뉴의 일반긴장이론으로 청소년 흡연행위를 설명한다고 가정할 때 독립변수인 목표달성의 실패, 긍정적 자극의 소멸, 부정적 자극의 발생에 해당되는 변수들을 각각 X에 탑재하고 청소년 흡연행위를 Y로 설정하면 된다. 아동 · 청소년패널자료에서 연구자가 궁극적으로 알고자 하는 종속변수 또한 상당히 많이 포함되어 있다. 즉, 연구자가 각종 청소년비행의 원인을 파악하고자 한다면 Y를 각종 청소년비행으로 설정하면 된다. 아동 · 청소년패널데이터에는 청소년흡연, 음주, 집단따돌림, 구타, 성폭행 등 13가지의 청소년비행의 원인을 예측할 수 있다.

4 선형 회귀분석의 기본 가정

모집단의 회귀식을 추리하기 위해서는 선형 회귀분석에서 요구되는 기본적인 요건(가정)들을 충족해야 한다. 일반적으로 다변량분석(multivariate analysis)에서 기본적으로 고려해야 할 가정들을 충족시키면 그것으로 충분하다. 하지만 선형 회귀분석을 적용할시 몇 가지 더 고려해야 할 사항이 있으며 통계방법이 적용된 후(post-analysis assumption)에 연구모델의 적합성(overall model fit)을 통해 연구모델이 얼마나 적합한지 점검할 수 있다.

분석 전 고려해야 할 가정

선형 회귀분석은 변수들 사이의 관계를 예측하거나 인과관계를 규명하는 통계분석방법으로써 앞서 논의한 예비분석(pre analysis)단계에서 기본적으로 고려해야 할 가정(assumptions)들을 모두 충족하여야 한다(제3장 참고). 그 외에 선형 회귀분석을 사용할 때 추가적으로 고려해야 할 사항들이 있다. 첫째, 표본의 크기이다. 다변량통계분석(multivariate analysis)은 기본적으로 30개 이상이면 통계분석이 가능하지만 선형 회귀분석을 사용할 경우 더 많은 표본이 요구된다. 학자마다 서로 다른 견해를 보이고 있지만 일반적으로 사회과학분야에서는 변수 하나당 적어도 15개의 표본이 있어야 신뢰할 만한 결과 값이 나온다고 한다. 예를 들어 10개의 변수를 사용한다면 적어도 150개 이상의 표본이 있어야 한다. 하지만 사회과학분야에서는 종속변수가 정규곡선을 띠고 있지 않은 경우들이 많기 때문에 더 많은 표본이 요구되기도 하며 하나의 변수당 약 40개의 표본이 있어야 신뢰할 만한 결과값이 나온다는 의견도 있다. 둘째, 종속변수는 연속적인 확률변수이어야 한다. 즉 변수의 성질이 등간이나 비율의 성질을 가지고 있어야 회귀식을 사용할 수 있다. 만약 종속변수가 등간이나 비율로 구성되어 있지 않고 이분형 변수로 구성되어 있을 때(예를 들면, 폭행을 당한 경험유무: 있다, 없다)는 로지스틱 또는 로짓 회귀분석을 실행하여야 한다. 셋째, 오차(ε_1, ε_2, …, ε_i)의 평균값은 '0'이어야 한다. 이것은 β에 대한 일치추정(consistent estimation)을 위해 필수적인 가정이며, 모든 관련된 예측변수들이 모형에 포함되었음을 의미하기도 한다. 또한 이것은 오차항 ε_i와 X_i가 서로 상관관계가 없다는 것을(exogeneity) 의미하는 것으로 만약 둘 간에 상관관계가 존재한다면(endogeneity), ε_i와 X_i가 Y_i에 미치는 각각의 효과를 분리하여 측정할 수 없음을 의미한다.

즉 오차항들 간에 상관관계가 존재한다는 것은 종속변수들 간에 체계적인 상호관계가 존재한다는 것을 의미하며 종속변수들 간의 상관관계가 존재하면 특정한 독립변수값에 의해서 종속변수를 추정할 때 발생하는 오차가 추정점에서만 독립적으로 발생한 것이 아님을 의미한다.

사후분석 가정/모형 적합도

사후분석 가정(post-analysis assumptions)은 선형회귀분석 통계방법을 적용한 이후 표본의 모형, 즉 전반적인 통계적 모델의 적합도(overall model fit)를 점검하는 가정(assumptions)들로 선형 회귀분석이 가능한 데이터 구조를 가지고 있는가를 점검하는 것을 말하며 분산분석과 다중공선성(multicollinearity)이 있다. 분산분석을 통해 다중회귀분석 모델의 모형적합도를 알아볼 수 있다. 예를 들면 또래친구들의 흡연행위가 청소년 자신의 흡연행위에 미치는 영향력을 파안한 단순회귀분석 결과가 143쪽에 나타나 있다. 143쪽 중앙에 나타나 있는 결과표의 분산분석에서 회귀식에 의해 설명되는 분산은 108.397이며, 잔차는 2056.753이다. 이 값을 각각의 자유도로 나눈 값인 평균분산은 각각 108.398과 0.943로서 설명된 분산이 월등히 크다. 잔차분산과 설명된 분산의 비인 F값은 114.89로서 상당히 큰 값을 나타내고 있다. 이 F 값을 자유도 1/2180인 F분포표를 찾아보면 유의도가 0.000으로서 유의성이 높은 것으로 나타나게 된다. 유의도의 값이 작으면 회귀식이 통계적으로 유의한 식이라고 할 수 있다. 즉 설명력이 좋은 회귀방정식이라고 할 수 있다.

마지막으로 다중공선성이 있으며 독립변수들 간의 상호의존 정도를 나타내는 것을 말한다. 즉 회귀분석의 기본 가정 중 독립변수들 간에는 서로 상관관계가 없어야 하는데 이들 간에 상당히 강한 상관관계가 존재할 경우 다중공선성이 발생한다. 다중공선성이 발생할 경우 종속변수를 설명하는 각각의 독립변수의 변량을 해석하는 것이 무의미해지므로 적절한 조치가 필요하다. 다중공선성을 진단하는 방법은 두 가지가 있다. 첫째, 독립변수들 간의 상관관계분석의 상관계수를 통해서 파악할 수 있다. 일반적으로 독립변수들 간의 상관계수가 .80을 넘지 않으면 다중공선성이 없는 것으로 판단한다. 둘째, 공차한계(tolerance)와 분산팽창계수(VIF : variance inflation factor)를 이용하는 방법이 있다. 공차한계란 한 변수와 다른 변수가 얼마나 상관을 갖는지를 의미하는 중다상관제곱(R^2)을 1.0에서 빼 줌으로써 계산된다.

따라서 이 공차한계가 1에 근접할수록 변수 간에 다중공선성이 없는 것으로 판단한다. 분산팽창지수는 공차의 역수로서 독립변수 X_i와 다른 독립변수들과의 상관에 의해 회귀계수 β_i의 표준오차가 증가하는 정도를 나타낸다. 따라서 안정적인 회귀계수의 추정치를 얻기 위해서는 분산팽창지수는 낮고 공차는 높아야 한다. 만약 회귀모델에서 독립변수들 간의 다중공선성이 발견될 때 가장 좋은 처치방법은 자료를 새로 얻는 방법이지만 이는 현실적으로 불가능하므로 다중공선성이 발견된 독립변수들 중 하나를 삭제하는 방법과 표본의 수를 늘려 현재 자료의 다중공선성을 희석시키는 방법이 있다.

5 선형 회귀분석의 분석과정 소개

선형 회귀분석에는 회귀방정식에 투입되는 독립변수의 수에 따라 단순회귀분석(simple regression analysis)과 다중회귀분석(multiple regression analysis)으로 분류되며 다중회귀방정식은 다시 표준다중회귀(standard multiple regression), 단계적 다중회귀(stepwise multiple regression), 계층적(위계적) 다중회귀(hierarchical multiple regression)로 나눌 수 있다.

단순회귀분석

Stata에서 단순회귀분석을 실행하기 위해서는 reg(regress) 명령어를 사용한다. 회귀분석에 사용되는 데이터파일은 2012년도에 한국청소년정책연구원에서 배포한 아동 · 청소년패널데이터(KCYPS) 2차년도 중학교 2학년 파일을 사용하기로 한다. 독립변수가 한 개인 단순회귀분석의 연구문제를 다음과 같이 설정하기로 한다.

연구문제

또래친구들의 흡연행위가 청소년 자신의 흡연행위에 영향을 미치는가?

연구가설 흡연행위를 하는 또래친구들과의 차별적 접촉이 많으면 많을수록 청소년 자신이 흡연행위를 할 가능성은 높아진다.

분석과정

(1) 메뉴바를 이용한 단순회귀분석

Statistics > Linear models and related > Linear regression

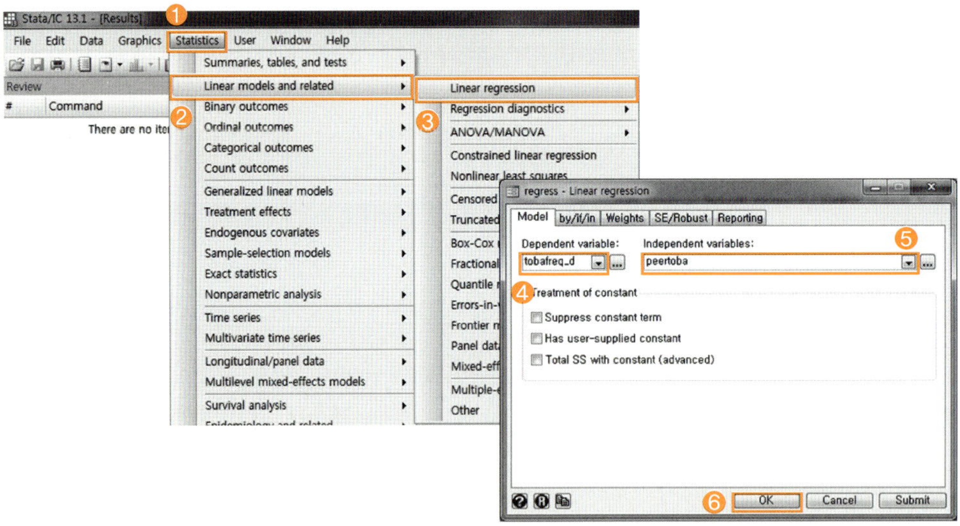

❶ 메뉴 중 Statistics를 클릭한다.
❷ 하단에 창이 열리면 Linear models and related를 클릭한다.
❸ 우측에 창이 열리면 Linear regression을 클릭한다.
❹ 새로운 창이 열리면 종속변수를 입력한다.
❺ 하나의 독립변수를 입력한다.
❻ OK를 클릭한다.

(2) 명령어를 이용한 단순회귀분석

regress depvar [indepvars] [if] [in] [weight] [, options]

① regress ② depvar ③ indepvars ④ options

또래친구들의 흡연행위라는 독립변수가 청소년 자신의 흡연행위라는 종속변수에 미치는 영향력을 검증해 보자. ①은 회귀분석을 위한 명령어이다. ② tobafreq_d를 종속변수(*Y*)로 ③ peertoba를 독립변수(*X*)로 설정한다. ④는 옵션으로 Model, Reporting, SE/Robust 세 가지 카테고리로 구성되어 있다. 자세한 내용은 매뉴얼을 참고하기 바란다. 단순선형회귀분석을 실행한 결과는 다음과 같다.

```
. reg  tobafreq_d peertoba

      Source |       SS       df       MS              Number of obs =    2182
-------------+------------------------------           F(  1,  2180) =  114.89
       Model |  108.397887     1  108.397887           Prob > F      =  0.0000
    Residual |  2056.75335  2180  .943464839           R-squared     =  0.0501
-------------+------------------------------           Adj R-squared =  0.0496
       Total |  2165.15124  2181  .992733259           Root MSE      =  .97132

------------------------------------------------------------------------------
  tobafreq_d |      Coef.   Std. Err.      t    P>|t|     [95% Conf. Interval]
-------------+----------------------------------------------------------------
    peertoba |    .070349   .0065631    10.72   0.000     .0574784    .0832196
       _cons |   .0175605   .0216583     0.81   0.418    -.0249125    .0600336
------------------------------------------------------------------------------
```

분석결과의 해석

Step 1. 모델의 평가

분석결과 독립변수가 종속변수를 설명하는 설명력인 결정계수가 (R^2)=0.0501로 나타났다. 이는 흡연을 하는 또래친구들과의 차별적 접촉변수는 청소년 자신의 흡연행위의 변량을 총 5.01% 설명하고 있으며 나머지 94.99%의 변량은 이 회귀방정식에 투입되지 않은 다른 독립변수들에 의해 설명된다.

용어 설명

결정계수 R^2(squared multiple correlation)

결정계수는 독립변수가 종속변수를 어느 정도로 설명해 주는지를 나타내는 지수다. 위의 단순회귀분석에서는 또래친구들의 흡연행위라는 독립변수가 청소년 자신의 흡연행위라는 종속변수를 5.01% 설명한다는 뜻이다. 독립변수가 두 개 이상인 다중회귀분석에서 결정계수는 전체 독립변수들이 합쳐서 종속변수를 설명하는 설명력을 의미한다. 결정계수의 값의 범위는 0~1 사이에 있으며 1에 가까워질수록 독립변수와 종속변수의 상관관계가 높으며 독립변수가 종속변수를 설명하는 설명력이 높다고 볼 수 있으므로 회귀식의 유용성은 높아진다.

분산분석에서 회귀식에 의해 설명되는 분산은 108.397이며, 잔차는 2056.753이다. 이 값을 각각의 자유도로 나눈 값인 평균분산은 각각 108.398과 0.943로서 설명된 분산이 월등히 크다. 잔차분산과 설명된 분산의 비인 F 값은 114.89로서 상당히 큰 값을 나타내고 있다. 이 F 값을 자유도 1/2180인 F 분포표를 찾아보면 유의도가 0.000으로서 유의성이 높은 것으로 나타나게 된다. 유의도의 값이 작으면 회귀식이 통계적으로 유의한 식이라고 할 수 있다. 즉 설명력이 좋은 회귀방정식이라고 할 수 있다.

Step 2: 독립변수의 평가

산출표의 아래 부분에는 회귀식에 대한 각종 통계량이 나타나 있다. Coef는 회귀계수로서 회귀식에서 계수로 사용된다. 청소년의 흡연행위는 상수인(_cons) .017, 또래친구들의 흡연행위의 회귀계수 0.070으로 나타난다. 즉 청소년 자신의 흡연행위(tobafreq_d)=0.017+0.070X(친구흡연)의 선형식이 성립된다.

t는 회귀계수=0(독립변수와 종속변수 간에 아무런 선형관계가 없다)이라는 영가설에 대한 검증통계값으로, 회귀계수/표준오차로 계산된다. 위의 결과에서 회귀계수가 통계적으로 유의한가를 검증하는 t 통계값의 유의확률은 0.000로서 영가설이 기각되므로 유의수준 .05에서 회귀계수가 0이 아니라는 결론을 내림과 동시에 이 회귀계수는 95%의 신뢰수준 내에서 통계적으로 유의하다고 결론내릴 수 있다. 즉 청소년 자신의 흡연행위는 또래친구들의 흡연행위에 대해서 .070 정도의 영향을 가지고 있으며, 이 결과는 $P<.05$ 수준(신뢰수준 95%)에서 통계적으로 의미가 있음을 나타내고 있다.

결론적으로 또래친구들의 흡연행위가 청소년 자신의 흡연행위에 영향을 미치는가라는 연구문제에서 흡연행위를 하는 또래친구들과의 차별적 접촉이 많으면 많을수록 청소년 자신이 흡연행위를 할 가능성은 높아진다는 연구가설을 지지하는 것으로 나타났다.

다중회귀분석

사회현상을 설명하는 사회과학 분야에서는 종속변수의 변량을 설명하기 위해 보통 하나 이상의 독립변수를 회귀방정식에 투입시킨다. 즉 여러 개의 독립변수를 회귀방정식에 투입시킴으로써 종속변수의 변량을 독립변수 전체가 얼마만큼 설명하는지, 또는 어떤 독립변수가 종속변수에 가장 큰 영향을 미치는지를 파악할 수 있는 통계적 분석방법이 다중회귀분석이다. 다중회귀분석에서 회귀계수는 다른 독립변수의 효과를 통제하면서 얻은 한 독립변수의 종속변수에 대한 효과를 의미한다. 여기서 통제의 의미는 다른 독립변수를 평균값으로 고정시키고 한 독립변수가 종속변수에 영향을 주는 효과를 산출해내는 것을 말한다.

아동 · 청소년패널데이터에서 종속변수는 청소년 자신의 흡연행위로 설정하고, 독립변수는 종속변수에 영향을 미칠 것으로 예상되는 또래친구들의 흡연행위(X_1), 부모와의 애착(X_2), 청소년 자신의 우울감(X_3)을 설정하기로 한다.

연구문제

또래친구들의 흡연행위, 부모와의 애착, 청소년 자신의 우울감 등이 청소년 자신의 흡연행위에 영향을 미치는가?

연구가설 흡연행위를 하는 또래친구와의 차별적 접촉이 많으면 많을수록(X_1), 부모와의 애착이 약하면 약할수록(X_2), 청소년 자신의 우울감이 강하면 강할수록(X_3), 청소년 자신은 담배를 피울 가능성(확률)이 높아진다.

Step 1: 가정의 검토

Stata에서 다중공선성의 문제를 확인하는 방법은 vif 명령어를 사용하여 VIF(variance inflation factor)를 판단할 수 있다. 일반적으로 VIF가 1에 근접할 때 다중공선성이 없는 것으로 판단하며, VIF가 10 이상이 되면 다중공선성이 있는 것으로 간주한다. 다중공선성 문제를 파악하기 위해서는 reg tobafreq_d peertoba pareatta depress를 실행한 다음 명령어 vif를 입력하면 된다. 흡연행위 회귀모델에 대해 VIF를 측정한 결과는 다음과 같다.

(1) **다중공선성 검증**

① 메뉴바를 이용한 다중공선성 검증

Statistics > Postestimation > Reports and statistics

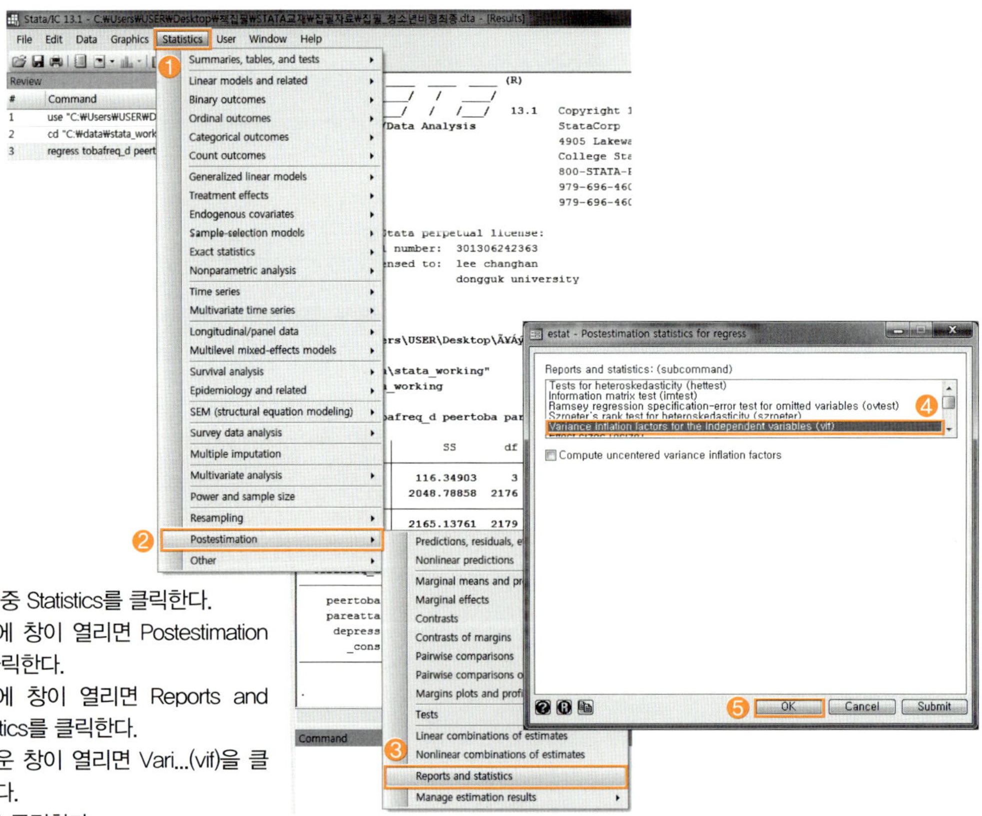

❶ 메뉴 중 Statistics를 클릭한다.
❷ 하단에 창이 열리면 Postestimation를 클릭한다.
❸ 우측에 창이 열리면 Reports and statistics를 클릭한다.
❹ 새로운 창이 열리면 Vari...(vif)을 클릭한다.
❺ OK를 클릭한다.

② 명령어를 이용한 다중공선성 검증

estat vif
① ②

①은 회귀분석 후 모형에 대한 검증해주는 명령어 중 하나이다. ② 모델검증에 사용되는 옵션이 들어가는 자리로 본 예제에서는 다중공선성을 확인하는 vif 명령어를 사용하여 팽창계수를 확인하였다. 다른 옵션명령어들은 매뉴얼을 참고하기 바란다.

흡연행위 회귀모델에 대해 VIF를 측정한 결과는 다음과 같다.

```
. vif

    Variable |       VIF       1/VIF
-------------+----------------------
     depress |      1.04    0.961072
    pareatta |      1.04    0.963087
    peertoba |      1.00    0.996979
-------------+----------------------
    Mean VIF |      1.03
```

위 결과에 나타난 것처럼 depress, pareatta, peertoba 변수의 VIF 값이 1에 근접하므로 다중공선성이 없는 것으로 나타났다. 1/VIF는 VIF의 역수이므로 0.1보다 작으면 다중공선성의 문제가 발생하는 것으로 판단할 수 있는데, 위 모델의 1/VIF는 거의 1에 가까우므로 역시 다중공선성의 문제가 발생하지 않은 것으로 판단할 수 있다.

(2) 산점도를 이용한 이분산성 검토

이분산성(heteroscedasticity)은 회귀모델의 기본 가정 중에서 잔차의 분산이 일정하다는 가정이 깨어진 경우로 독립변수에 따라서 잔차분포의 분산이 변하는 것을 말한다. 회귀모델의 이분산성 문제를 검증하기 위한 직관적인 방법으로 잔차 그래프를 살펴보는 것도 좋은 방법이 된다. 즉 등분산성의 원칙이 존재하려면 독립변수 X가 변할 때 종속변수 Y의 흩어진 정도가 거의 같은 정도로 유지해야 한다. Stata에서는 잔차그래프가 어떤 패턴을 갖는지를 직관적으로 파악할 수 있는데 명령문과 실행결과는 다음과 같다.

rvfplot, [　　]
①　　②

①은 이분산성을 검증하기 위해서 그래프를 그리는 명령어로 회귀분석 후 사용한다. ②는 옵션으로 산점도에 점의 색의 변경, 다른 그래프의 추가 등을 할 수 있다. 자세한 내용은 도움말을 참고하여 학습하기 바란다.

[그림 6-2]

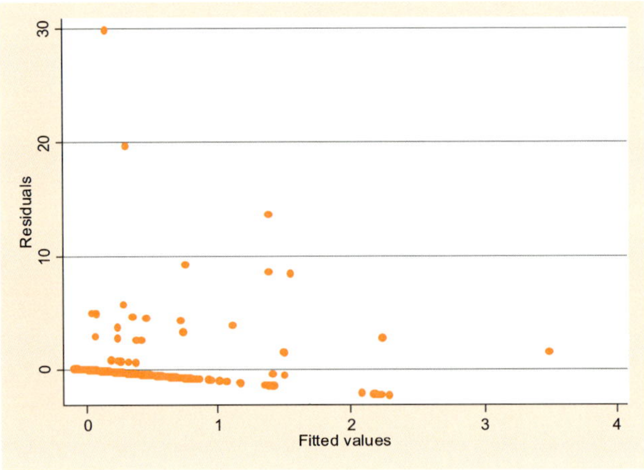

위 그래프에서 보듯이 적합값(fitted valuses)이 커질수록 잔차(residuals)의 크기가 일정한 정도로 줄어들지 않고 흩어져 있는 모습을 발견할 수 있다. 즉, 독립변수 X의 값이 변함에 따라 종속변수 Y의 값이 일정한 정도로 변한다는 등분산성을 유지하지 못하는 것으로 나타났다. 그러나 위의 잔차그래프는 이분산성을 직관적으로 파악할 수는 있지만, 정확하게 이분산성이 존재하는지 아닌지는 알 수 없다.

(3) Breusch-Pagan 검증

Stata에서 좀 더 정확한 이분산성의 문제를 확인하는 방법으로는 Breusch-Pagan 검증과 White 검증이 있다. 아동 · 청소년패널데이터에서 흡연행위 회귀모델에 대한 이분산성 검증을 실행해 보자. 먼저, Breusch-Pagan 검증이다. 명령어 창에 reg tobafreq_d peertoba pareaata depress를 실행한 다음 줄에서 db estat를 입력하여 이분산성을 검증할 수 있는 대화창을 불러온다.

① 메뉴바를 이용한 Breusch-Pagan 검증

Statistics > Postestimation > Reports and statistics

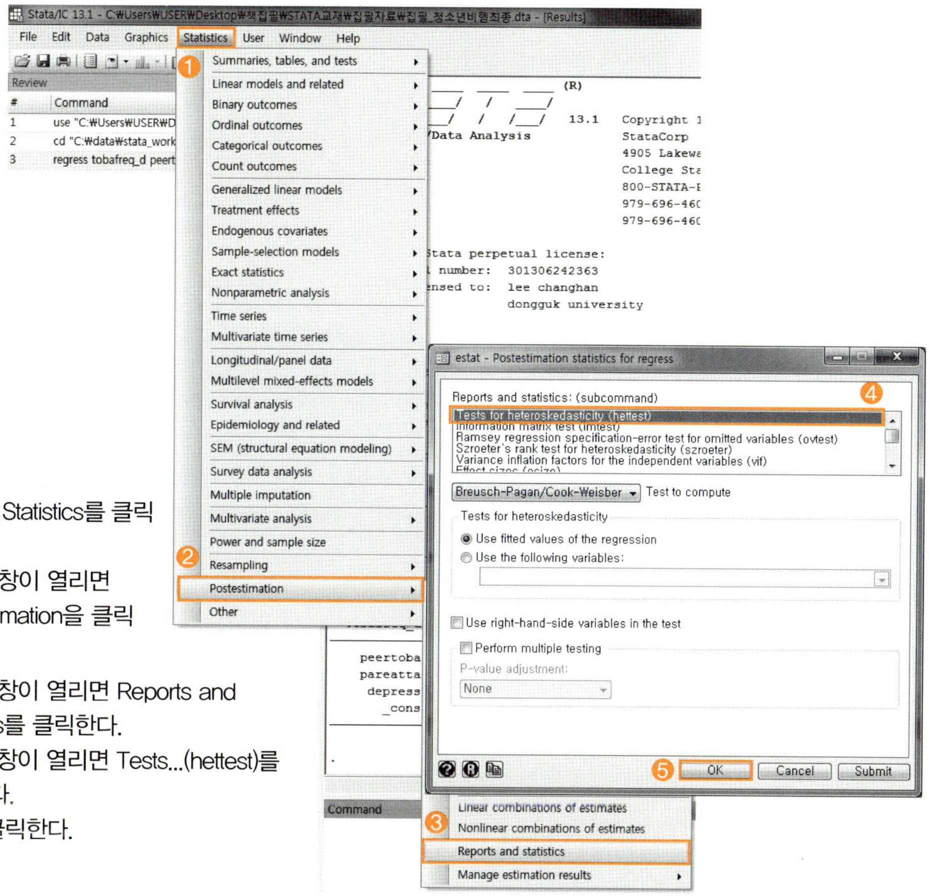

❶ 메뉴 중 Statistics를 클릭한다.
❷ 하단에 창이 열리면 Postestimation을 클릭한다.
❸ 우측에 창이 열리면 Reports and statistics를 클릭한다.
❹ 새로운 창이 열리면 Tests...(hettest)를 클릭한다.
❺ OK를 클릭한다.

② 명령어를 이용한 Breusch-Pagan 검증

estat hettest
① ②

①은 회귀분석 후 모형에 대한 검증해주는 명령어 중 하나이다. ② 모델검증에 사용되는 옵션이 들어가는 자리로 본 예제에서는 이분산성을 확인하는 hettest 명령어를

사용하여 이분산성를 확인하였다. 다른 옵션명령어들은 매뉴얼을 참고하기 바란다.

대화창의 Reports and statistics에서 Tests for heteroskedasticity를, Test to compute에서는 디폴트로 설정된 Breusch-Pagan/Cook-Weisber를 선택한다. 바로 밑의 Test for heteroskedasticity에서는 디폴트로 설정된 Use fitted values of the regression을 선택한다. 마지막으로 제일 밑의 OK 버튼을 누르면 다음과 같은 Stata 명령문과 실행결과가 나타난다.

```
. db estat

. estat hettest

Breusch-Pagan / Cook-Weisberg test for heteroskedasticity
         Ho: Constant variance
         Variables: fitted values of tobafreq_d

         chi2(1)      =  3195.56
         Prob > chi2  =   0.0000
```

Breusch-Pagan 검증의 영가설은 등분산성이고, 대립가설은 이분산성이다. 검증 통계량은 카이제곱 분포를 따른다. 위 결과를 보면 p값이 0.000으로 0.05보다 크다. 즉 95%의 신뢰수준에서 영가설을 기각한다. 즉, 이분산성이 존재한다고 결론내릴 수 있다.

(4) White 검증

마지막으로 White 검증을 통해 이분산성을 검증할 수 있다. White 검증은 앞의 Breusch-Pagan 검증과 마찬가지로 db estat 명령어를 사용한다. 즉, 명령어 창에 . reg tobafreq_d peertoba pareatta depress를 실행한 후 db estat를 입력하여 이분산성을 검증할 수 있는 대화창을 불러온다.

① 메뉴바를 이용한 White 검증

Statistics > Postestimation > Reports and statistics

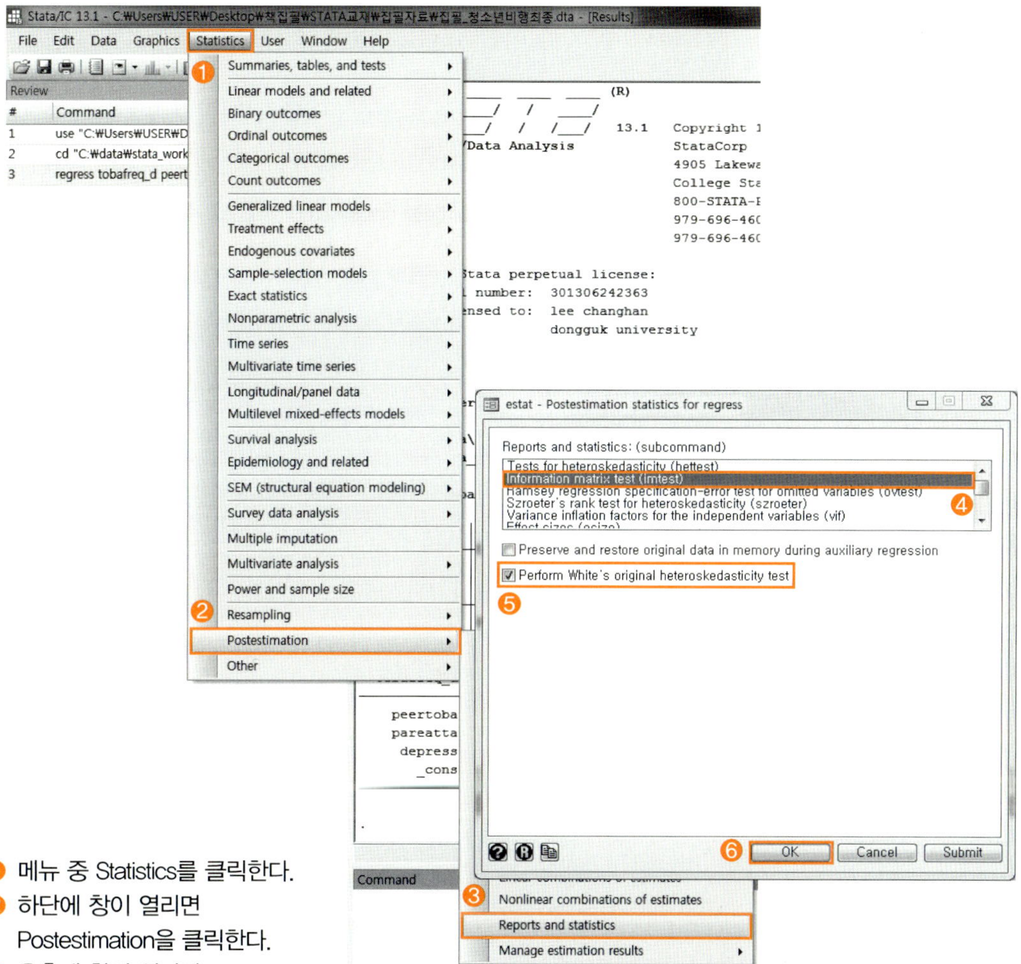

❶ 메뉴 중 Statistics를 클릭한다.
❷ 하단에 창이 열리면 Postestimation을 클릭한다.
❸ 우측에 창이 열리면 Reports and statistics를 클릭한다.
❹ 새로운 창이 열리면 Information...(imtest)를 클릭한다.
❺ 박스를 체크한다.
❻ OK를 클릭한다.

② 명령어를 이용한 White 검증

estat imtest
① ②

①은 회귀분석 후 모형에 대한 검증해주는 명령어 중 하나이다. ② 모델검증에 사용되는 옵션이 들어가는 자리로 본 예제에서는 이분산성을 화인하는 imtest 명령어를 사용하여 이분산성을 확인하였다. 다른 옵션명령어들은 매뉴얼을 참고하기 바란다.

Reports and statistics에서 Information matrix test를 선택한다. 바로 밑의 창에서는 Perform White's original heteroskedasticity test 앞 박스에 체크 표시를 한다. 마지막으로 제일 밑의 OK 버튼을 누르면 다음과 같은 Stata 명령문과 실행결과가 나타난다.

```
. db estat

. estat imtest, white

White's test for Ho: homoskedasticity
         against Ha: unrestricted heteroskedasticity

         chi2(9)      =     34.84
         Prob > chi2  =    0.0001

Cameron & Trivedi's decomposition of IM-test
```

Source	chi2	df	p
Heteroskedasticity	34.84	9	0.0001
Skewness	8.93	3	0.0302
Kurtosis	1.54	1	0.2151
Total	45.30	13	0.0000

White 검증은 Breusch-Pagan 검증과 마찬가지로 영가설은 등분산성이고, 대립가설은 이분산성이다. 검증통계량은 카이제곱 분포를 따른다. 위 결과를 보면 *p*값이 0.000으로 0.05보다 작다. 즉 95%의 신뢰수준에서 영가설을 기각하고 대립가설인 이분산성을 받아들여야 한다.

이처럼 모형에서 이분산성이 발생했을 때 해결하는 방법은 두 가지가 있다. 첫째, 모형의 재설정 또는 변수의 변환을 가하는 방법이다. 이분산성은 회귀모형을 잘못 설정함으로 인해서 발생할 수 있기 때문에 모형을 잘 설정했는지를 재확인할 필요가 있다. 또한 사용된 변수들을 변환시키는 방법도 있다.

둘째, robust standard errors 또는 cluster-robust standard errors를 이용하는 방법이다. 오차의 이분산이 발생했을 경우 가장 쉽고, 보편적인 방법으는 stata의 regression 명령어의 옵션인 vce(robust)를 이용하는 방법이 있다. 또는 집단 내 관찰개체 간의 상관관계로 인해 오차의 독립성 가정이 위배되었을 경우 stata의 regression 명령어 옵션인 vce(cluster 집단변수)를 이용하는 방법이 있다(robust 명령어를 사용하여 이분산성을 해결하는 방법의 예시는 생략하기로 한다).

```
. reg tobafreq_d peertoba pareatta depress

      Source |       SS           df       MS      Number of obs   =      2180
-------------+----------------------------------   F(  3,   2176)  =     41.19
       Model |   116.34903         3  38.7830101   Prob > F        =    0.0000
    Residual |  2048.78858      2176  .941538872   R-squared       =    0.0537
-------------+----------------------------------   Adj R-squared   =    0.0524
       Total |  2165.13761      2179  .993638189   Root MSE        =    .97033

------------------------------------------------------------------------------
  tobafreq_d |      Coef.   Std. Err.      t    P>|t|     [95% Conf. Interval]
-------------+----------------------------------------------------------------
    peertoba |   .0713393   .0065666    10.86   0.000     .0584618    .0842168
    pareatta |  -.0036913   .0357969    -0.10   0.918     -.073891    .0665083
     depress |  -.0992477   .0345451    -2.87   0.004    -.1669924   -.0315029
       _cons |    .328753    .137388     2.39   0.017     .0593276    .5981785
------------------------------------------------------------------------------
```

Step 2: 모델의 평가

3개의 독립변수를 투입한 경우 종속변수의 결정계수(R^2)=0.0537로 나타났다. 표의 위쪽 부분인 분산분석표에서 회귀식의 자유도는 3으로 독립변수의 수와 같으며, 잔차의 자유도는 표본수(2180)에서 종속변수 1개와 독립변수 3개를 뺀 2176이 된다. 회귀식에 의하여 설명되는 분산은 116.349이고 잔차는 2048.788이다. 이를 자유도로 나눈 평균제곱은 설명된 분산의 경우 38.783이며 잔차는 0.941로 설명된 분산이 월등히 크다. 설명된 분산을 잔차분산으로 나눈 F값은 41.19이고 이 때 유의확률이 0.000으로서 회귀식이 99.9%의 신뢰수준 내에서 통계적으로 유의한 것으로 나타났다.

Step 3: 독립변수의 평가

회귀분석 결과표의 아래쪽 부분은 회귀식에 대한 각종 통계량이 나타나 있다. coef는 회귀계수이고 따라서 도출된 식은 다음과 같다.

tobafreq_d(청소년의 흡연행위)＝0.328(상수)+0.071peertoba(또래친구들의 흡연행위)
－0.003pareatta(부모와의 애착)－0.099depress(우울감)

독립변수들의 통계적 유의성을 검증하기 위해 회귀계수를 표준오차로 나눈 t값이 나타나 있는데 t값의 유의확률은 peertoba변수(또래친구들의 흡연행위)는 0.000으로 $p<.001$ 수준에서 통계적으로 유의미하고, depress변수(우울감) 또한 0.004으로 $p<.01$ 수준에서 통계적으로 유의미했다. 그러나 pareatta변수(부모와의 애착)는 0.918로 $p<.05$ 수준에서 유의미하지 않은 것으로 나타났다.

앞의 표에 나타나 있는 회귀계수(coef)는 비표준화된 회귀계수로서 다른 독립변수들의 값을 고정시킨 상태에서 특정 독립변수 X_1의 값이 1단위 증가할 때 종속변수 Y 값의 변화량을 나타낸다. 비표준화된 회귀계수는 독립변수들의 측정척도에 따라 달라지므로 종속변수에 대한 독립변수의 상대적인 기여도를 판단하기 힘들다. 따라서 독립변수들의 측정척도가 다를 경우 각 변수의 상대적인 중요도에 대한 판단은 회귀식에 포함되는 변수를 Z 점수로 표준화한 표준화된 회귀계수(beta)를 사용하는 것이 좋다. 표준화된 회귀계수를 산출하기 위해서는 다음과 같이 beta 옵션을 추가하면 된다.

① 메뉴바를 이용한 다중회귀분석

Statistics > Linear models and related > Linear regression

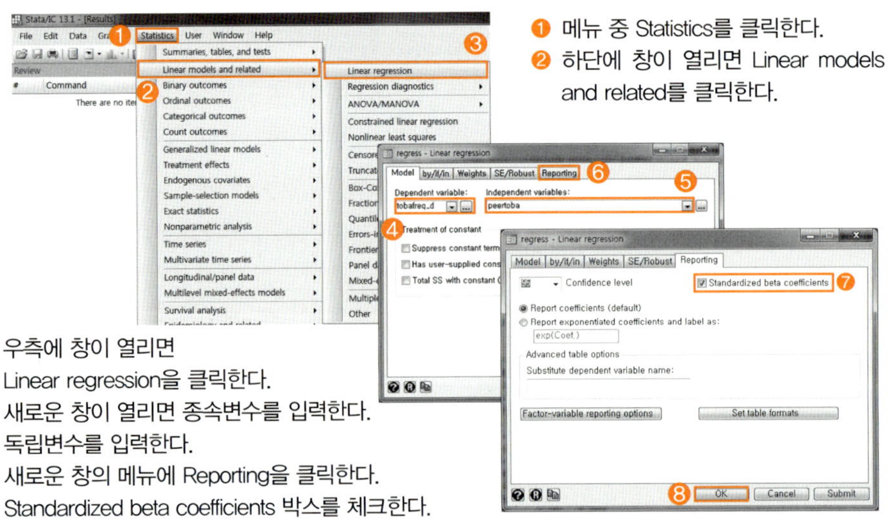

❶ 메뉴 중 Statistics를 클릭한다.
❷ 하단에 창이 열리면 Linear models and related를 클릭한다.
❸ 우측에 창이 열리면 Linear regression을 클릭한다.
❹ 새로운 창이 열리면 종속변수를 입력한다.
❺ 독립변수를 입력한다.
❻ 새로운 창의 메뉴에 Reporting을 클릭한다.
❼ Standardized beta coefficients 박스를 체크한다.
❽ OK를 클릭한다.

② 명령어를 이용한 다중회귀분석

reg tobafreq_d peertoba pareatta depress, beta
①　②

①은 회귀방정식 명령어로 앞에 내용을 참고하기 바란다. ②는 표준화회귀계수를 테이블에 산출해주는 명령어이다.

```
. . reg tobafreq_d peertoba pareatta depress, beta

      Source |       SS       df       MS              Number of obs =    2180
-------------+------------------------------           F(  3,  2176) =   41.19
       Model |  116.34903     3  38.7830101           Prob > F      =  0.0000
    Residual | 2048.78858  2176  .941538872           R-squared     =  0.0537
-------------+------------------------------           Adj R-squared =  0.0524
       Total | 2165.13761  2179  .993638189           Root MSE      =  .97033

------------------------------------------------------------------------------
  tobafreq_d |      Coef.   Std. Err.      t    P>|t|                     Beta
-------------+----------------------------------------------------------------
    peertoba |   .0713393   .0065666    10.86   0.000                 .2268933
    pareatta |  -.0036913   .0357969    -0.10   0.918                -.0021912
     depress |  -.0992477   .0345451    -2.87   0.004                -.0611129
       _cons |    .328753    .137388     2.39   0.017                        .
------------------------------------------------------------------------------
```

Stata에서 다중회귀분석을 실행하기 위해서는 reg(regress) 명령어를 사용한다. reg 다음에 종속변수를 입력하고 그 다음에 독립변수들의 이름을 입력한다. tobafreq_d를 종속변수로, peertoba(또래친구들의 흡연행위), pareatta(부모와의 애착), depress(우울감)을 독립변수로 설정하여 다중회귀분석을 실행한다.

Step 4: 분석결과의 해석

위 표에서 오른쪽 아래 부분에는 원래 계수에 대한 신뢰구간이 있었으나 그 대신 베타(Beta)라는 값이 나타나 있다. 이것이 바로 표준화된 회귀계수(B)이다. 즉, 종속변수에 대한 각 독립변수들의 회귀계수를 표준화된 회귀계수로 바꾸면 다음과 같다.

tobafreq_d=0.328(상수)+0.227peertoba−0.002pareatta−0.061depress

이렇게 구한 회귀계수값은 서로 비교가 가능하다. 예를 들면 친구흡연의 비표준화된 회귀계수(0.071)는 부모와의 유대(0.036)와 비교할 때 약 2배 정도 크지만, 표준화된 회귀계수에서는 약 100배 정도의 차이가 난다(0.227 : 0.002). 일반적으로 표준화된 회귀계수의 절대치가 크면 클수록 $p<.05$ 수준에서 통계적으로 유의미하게 나타나며 작을수록 유의미하지 않은 것으로 나타난다. 그러나 95%의 신뢰수준에서 통계적으로 유의미한 회귀계수의 절대적 기준값은 없다.

결론적으로 또래친구들의 흡연행위, 부모와의 애착, 청소년 자신의 우울감 등이 청소년 자신의 흡연행위에 영향을 미치는가라는 연구문제에서 흡연행위를 하는 또래친구와의 차별적 접촉이 많으면 많을수록, 청소년 자신의 우울감이 높으면 높을수록 청소년 자신이 흡연행위를 할 가능성이 높아진다는 연구가설을 지지한다.[1] 그러나 부모와의 애착과 청소년 흡연과는 상관이 없는 것으로 나타났다. 즉 부모와의 애착이 약하면 약할수록 청소년 자신의 흡연 가능성이 높아진다는 연구가설은 지지하지 않는 것으로 드러났다.

6 단계적 회귀분석

다중회귀분석에서 독립변수들을 회귀방정식에 투입하는 방법으로는 입력방법(enter method), 전진선택법(forward selection method), 후진제거법(backward elimination method), 단계선택법(stepwise selection method) 등이 있다. 이것을 표로 설명하면 다음과 같다.

---

1 우울감 변수는 위의 회귀식에서 청소년 흡연행위와 부적(−) 관계로 나타나 있다. 일반적으로 우울감이 높으면(+) 흡연행위가 증가하는 것으로 알려져 있는데 여기서는 우울감이 낮으면 흡연행위가 증가하는 것으로 나타났다. 이는 우울감 변수가 역코딩됐기 때문이다. 아동 · 청소년패널 설문지를 살펴보면 다음과 같이 구성되어 있다. "죽고 싶은 생각이 든다"라는 질문에 매우 그렇다=1, 그런 편이다=2, 그렇지 않은 편이다=3, 전혀 그렇지 않은 편이다=4로 숫자가 커질수록 우울감이 낮은 것으로 나타나 있다. 따라서 질문지가 역코딩됐을 때는 역코딩을 정적(+)코딩으로 재코딩(recoding)하거나 아니면 해석을 반대로 해야 한다. 본서에서는 역코딩을 그대로 둔 채 해석을 달리하는 방법을 선택한다. 즉 회귀분석 결과, 우울감과 흡연행위 간에는 부적(−) 관계로 나타났지만 실제 해석상에서는 우울감이 높을수록 청소년 흡연행위가 증가하는 것으로 해야 한다. 이처럼 연구자가 직접 조사한 자료가 아닌 2차 자료를 분석할 때는 주의를 기울여야 한다. 위의 예에서처럼 독립변수와 종속변수 간의 상관관계가 일반적인 상식과 반대로 나타날 때는 설문지가 어떻게 구성되어 있는지 확인한 후 해석해야 한다.

[표 6-1] 독립변수의 투입방법

독립변수 투입방법	설명
Enter	모든 독립변수를 동시에 투입하는 방법
Forward	독립변수를 한번에 하나씩 진입하면서 투입하는 방법
Backward	모든 독립변수를 투입한 후 하나씩 제거하면서 진행하는 방법
Stepwise	독립변수의 진입과 탈락을 단계별로 검토하는 투입 방법

여기서 stepwise는 독립변수의 추가와 제거를 적절하게 조합하여 최선의 회귀식을 도출하는 방법이다. 즉 변수를 하나씩 추가해 나갈 때 이미 모형에 포함된 변수 각각에 대해 통계적 유의성을 검증하여 95%의 신뢰도 내에서 유의하지 않으면 제거하는 방법으로 현재 가장 많이 사용하고 있는 분석방법이다. stepwise 회귀분석을 위해 위의 다중회귀분석에서 사용된 동일한 독립변수들을 사용하기로 한다.

분석과정

(1) 메뉴바를 이용한 단계적 회귀분석

Statistics > Other > Stepwise estimation

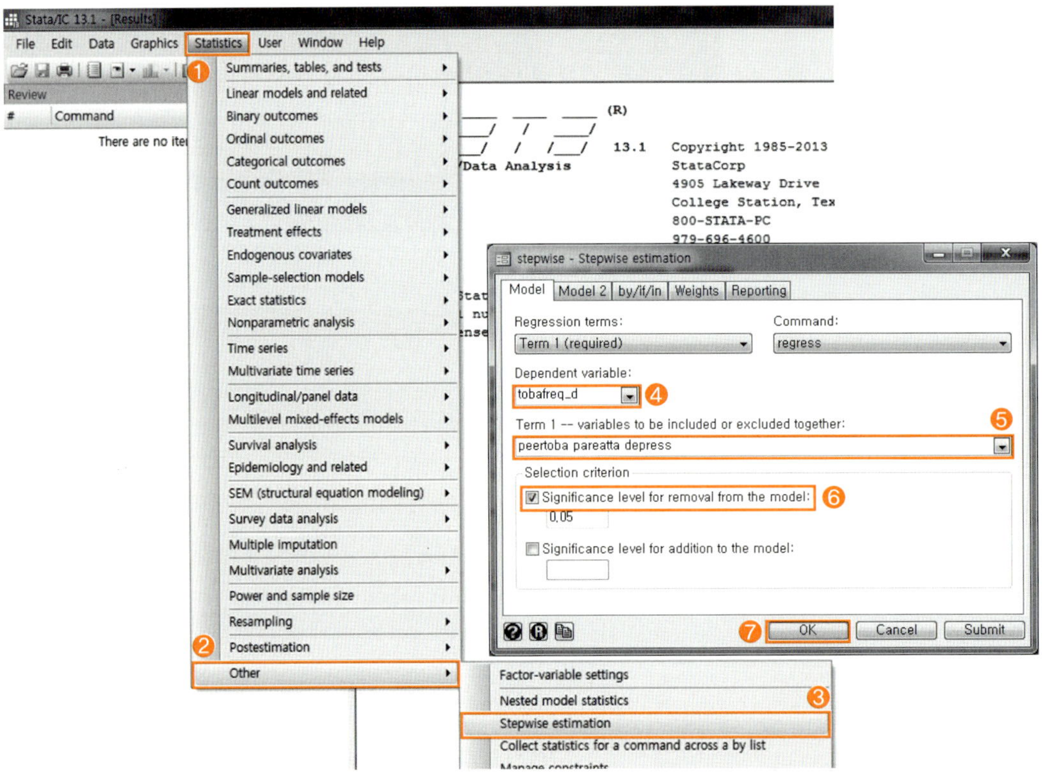

❶ 메뉴 중 Statistics를 클릭한다.
❷ 하단에 창이 열리면 Other를 클릭한다.
❸ 우측에 창이 열리면 Stepwise estimation을 클릭한다.
❹ 새로운 창이 열리면 종속변수를 입력한다.
❺ 새로운 창의 메뉴에 Options를 클릭한다.
❻ 박스를 체크하고 유의도를 설정한다.
❼ OK를 클릭한다.

(2) 명령어를 이용한 단계적 회귀분석

stepwise, pr(#): command
① ② ③

①은 stepwise 회귀방정식의 명령어이다. ② #자리에 자신이 원하는 신뢰도를 입력한다. 사회과학에서 통계검증은 95% 이상을 기준으로 하기 때문에 0.05 이하로 입력한다. ③은 회귀분석 명령어가 들어가는 곳으로 앞에 회귀방정식 명령어를 참고하기 바란다.

```
. stepwise, pr(0.05): reg tobafreq_d peertoba pareatta depress
                      begin with full model
p = 0.9179 >= 0.0500  removing pareatta

      Source |       SS       df       MS              Number of obs =    2180
-------------+------------------------------           F(  2,  2177) =   61.81
       Model |  116.339018     2  58.1695092           Prob > F      =  0.0000
    Residual |   2048.7986  2177  .941110977           R-squared     =  0.0537
-------------+------------------------------           Adj R-squared =  0.0529
       Total |  2165.13761  2179  .993638189           Root MSE      =  .97011

------------------------------------------------------------------------------
  tobafreq_d |      Coef.   Std. Err.      t    P>|t|     [95% Conf. Interval]
-------------+----------------------------------------------------------------
    peertoba |   .0713502   .0065643    10.87   0.000     .0584774    .0842231
     depress |  -.0985693   .0339051    -2.91   0.004    -.1650591   -.0320795
       _cons |   .3197648   .1061731     3.01   0.003     .1115536     .527976
------------------------------------------------------------------------------
```

분석결과의 해석

분석결과 "reg tobafreq_d peertoba pareatta depress begin with full model removing pareatta"의 의미는 3개의 독립변수(peertoba, pareatta, depress)가 stepwise 방식으로 회귀방정식에 투입된 결과, 부모와의 애착(pareatta) 변수는 95%의 신뢰수준 내에서 유의하지 않으므로 방정식에서 최종적으로 제외되었다는 뜻이다. 위 표의 결과를 회귀분석표과 비교해 보면, 회귀방정식에 투입된 독립변수의 수가 3개에서 2개로 줄어들었지만 결정계수(R^2)=0.0537(5.37%)에서 0.0537(5.37%)로 변화가 없다.

일반적으로 회귀방정식에 투입되는 독립변수의 수가 증가하면 그 회귀모델을 전반적으로 설명하는 설명력(결정계수)은 증가하기 때문에 독립변수의 수가 줄어들면 결정계수도 줄어든다. 그러나 위의 회귀방정식에서는 부모와의 애착변수가 회귀식에서 제외되었지만 통계적 유의미성이 전혀 없으므로 전체 결정계수에는 영향을 미치지 못하는 것으로 드러났다.

따라서 회귀방정식에 투입되는 독립변수의 수를 무한정 늘일 수 없기 때문에 가장 적은 독립변수의 투입으로 회귀모델의 설명력을 최대화할 수 있는 모델을 만들어야 한다. 이를 위해 stepwise 방식은 투입된 독립변수 중에서 통계적으로 유의하지 않은 변수들을 하나씩 제외해 나가는 방식을 채택하는 것이다. 결론적으로 회귀방정식에 투입될 독립변수를 일반적인 입력방법(enter)으로 투입한 표를 단계선택법(stepwise selection method)으로 투입한 상기표와 비교해 보면 3개의 독립변수 중에서 95%의 신뢰수준에서 유의한 변수인 또래친구들의 흡연행위(peertoba)와 우울감(depress)은 살아남은 반면 부모와의 애착(pareatta)변수는 최종모델에서 삭제된 것을 알 수 있다.

2절 비선형 회귀분석

1 로지스틱 회귀분석의 기본 개념

로지스틱 회귀분석은 비선형회귀분석(nonlinear regression analysis)의 대표적인 방법으로 사회과학에서 많이 사용되는 분석기법 중 하나이다. 특히 범죄학과 형사사법학 분야에서 상당히 많이 활용된다. 예를 들면, "당신은 지난 한 달 동안 범죄피해를 당한 경험이 있습니까?"라는 질문에서 ① 있다, ② 없다처럼 이분형 변수일 때 사용된다. 즉, 로지스틱 회귀분석은 종속변수의 응답범주가 등간이나 비율척도일 때는 사용할 수 없으며, 오직 이분형 변수일 때만 사용할 수 있다.

로지스틱 회귀분석은 일반선형 회귀분석에서 요구되는 여러 가지 기본 가정을 따르지 않는다. 일반선형 회귀분석은 독립변수로부터 종속변수의 평균값을 예측하는 것이라고 한다면, 로지스틱 회귀분석은 독립변수로부터 종속변수의 두 범주 중 어느 하나의 "비율"을 예측하는 분석기법이라 할 수 있다. 종속변수가 이분변수, 즉 '이다, 아니다', 또는 '경험이 있다, 없다'처럼 선택형 답지가 2개뿐이므로 선형이 아닌 S자 곡선 분포를 나타낸다.

일반선형 회귀모형에서 종속변수는 양적 변수 또는 연속변수라는 가정을 충족해야 하기 때문에 값의 범위는 $-\infty$에서 $+\infty$까지이지만, 범죄발생 여부 또는 범죄피해 여부와 같은 이분형 종속변수의 경우에는 가질 수 있는 값이 0 또는 1 등과 같은 두 개의 값만 가진다. 로지스틱 회귀모형은 선형이 아니므로 [그림 6-3]과 같이 S자 곡선을 이룬다. 즉 일반적인 선형회귀모형처럼 독립변수가 한 단위 증가(감소)할 때마다 종속변수가 일정단위 증가(감소)하는 선형을 이루는 것이 아니라 최솟값 0에서 최댓값 1을 갖는 비선형 모형을 가진다.

[그림 6-3]

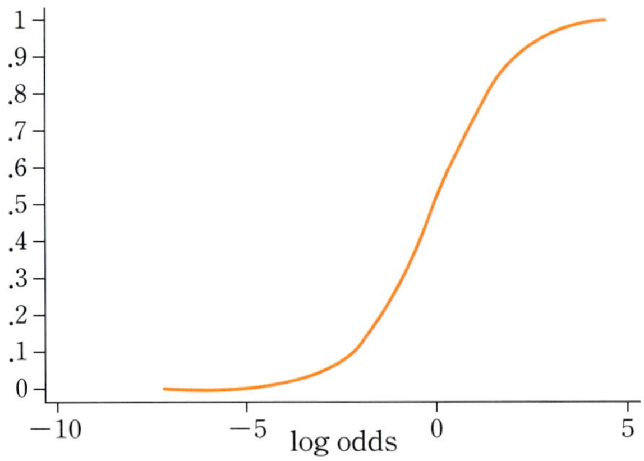

일반선형 회귀모델은 모집단의 분산은 표본의 분산과 같으며, 독립변수의 값이 한 단위 증가(감소)할 때마다 종속변수의 값도 일정 단위 비율적으로 증가(감소)하기 때문에 분산이 동일하다는 등분산 가정을 충족해야 한다. 그러나 로지스틱 회귀모델은 선형모형을 이루지 않기 때문에 등분산가정 또한 충족하지 않아도 된다.

2 회귀식

일반선형 회귀분석에서는 독립변수의 값의 변화에 따라 종속변수가 얼마만큼 변할 것이라는 비율의 의미로 해석하지만 로지스틱 회귀분석은 선형모형이 아니기 때문에 비율이란 말을 사용하지 않고 대신 승산(odds)이란 말로 표현한다. 즉 종속변수가 이분형이기 때문에 1이라는 어떤 사건이 발생할 승산(odds)은 $P(Y)=1$로 정의한다. 이러한 사건이 발생할 승산(odds)에 미치는 요인들을 X_k라고 했을 때, 이를 선형 회귀식으로 나타내면 다음과 같다.

$$E(Y_i)=\beta_0+\Sigma\beta_k X_k$$

3 로지스틱 회귀분석의 기본 가정

분석 전 고려해야 할 가정

로지스틱 회귀분석은 다변량분석(multivariate analysis)방법으로 분류되지만 다른 통계방법과는 다르게 엄격한 가정들을 요구하지 않는다. 하지만 예비검사(pre-analysis) 단계에서 요구되는 가정(assumptions)들을 충족시키면 더 강력하고 신뢰 있는 결과를 얻을 수 있다. 특히 로지스틱 회귀분석은 표본의 크기와 가외치에 상당히 민감하며 이에 따른 적절한 대처가 요구된다(제3장 참고). 로지스틱 회귀분석의 적절한 표본의 크기는 학자마다 서로 다른 견해를 가지로 있지만 일반적으로 변수 하나당 적어도 30개 이상의 표본이 있어야 적당하다.

사후분석 가정/모형 적합도

로지스틱 회귀분석은 기본가정을 따르지 않기 때문에 사후분석 가정(post-analysis assumptions)을 통해 로지스틱 분석모델의 적절성을 검증하는 것은 중요하다. 일반적으로 −2LL과 Hosmer & Lemesshow를 사용하여 전반적인 모델의 적절성을 검증한다. −2LL은 다중회귀분석의 F test(분산분석)와 같은 역할을 하며 −2LL 값은 적은 수를 나타낼수록 모델의 적합도는 높아진다. Hosmer & Lemesshow는 예측값과 관측값이 얼마나 밀접한지를 보여주며 적합도 검증에 유용하게 쓰인다. Hosmer & Lemesshow의 통계값은 관측값, 추정값, 그리고 카이제곱 통계량을 계산해서 산출해 내며 영가설(null hypothesis)을 기각할 경우 추정된 모형이 통계적으로 적합하지 않음을 나타낸다. 즉 유의수준(significance level)이 .05보다 클 경우(*i.e.*, $p>.05$) 통계적으로 적합한 모델이라고 한다.

4 로지스틱 회귀분석의 분석과정 소개

아동 · 청소년패널데이터에서 종속변수는 청소년 자신의 흡연행위 여부로 설정하고, 독립변수는 종속변수에 영향을 미칠 것으로 예상되는 또래친구들의 흡연행위, 부모와의 애착, 청소년 자신의 우울감을 설정하기로 한다.

분석과정

(1) 메뉴바를 이용한 로지스틱 회귀분석

Statistics > Binary outcomes > Logistic regression

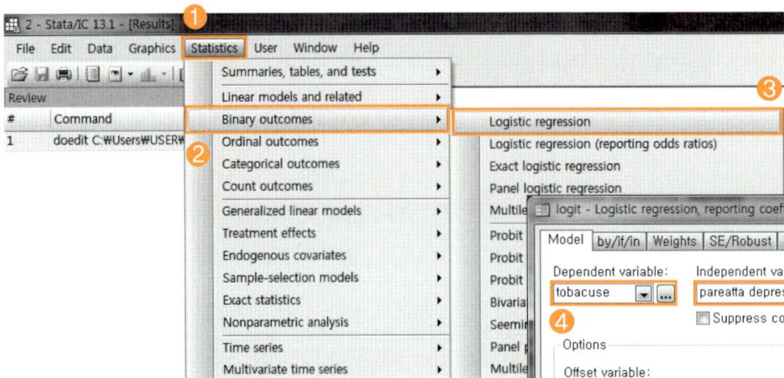

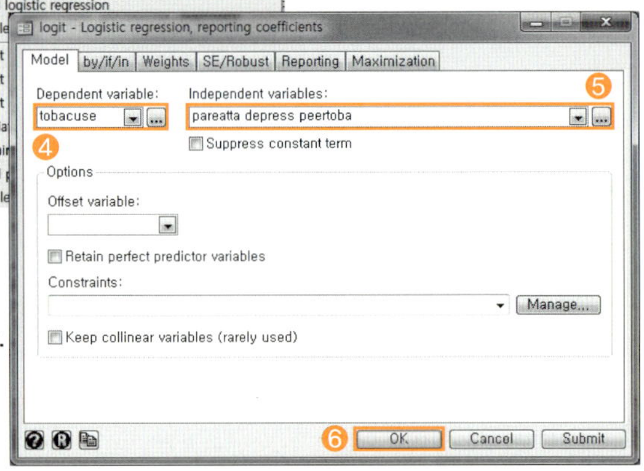

❶ 메뉴 중 Statistics를 클릭한다.
❷ 하단에 창이 열리면 Binary outcomes를 클릭한다.
❸ 우측에 창이 열리면 Logistic regression을 클릭한다.
❹ 새로운 창이 열리면 종속변수를 입력한다.
❺ 독립변수를 입력한다.
❻ OK를 클릭한다.

(2) 명령어를 사용한 로지스틱 회귀분석

logit depvar [indepvars] [if] [in] [weight] [, options]
①　②　③　④

① Stata에서 로지스틱 회귀분석을 실행하기 위해서는 logit(logistic) 명령어를 사용한다. logit 다음에 ② 종속변수를 입력하고 그 다음에 ③ 독립변수들의 이름을 입력한다. ④는 옵션으로 odd를 보고할 경우 or을 입력하면 된다. or 이외에도 Model, SE/Robust, Reporting 등 다양한 카테고리의 옵션이 있으니 매뉴얼을 참고하여 본인에 연구에서 보고해야 할 값을 입력하기 바란다. tobacuse를 종속변수로, pareatta(부모와의 애착), depress(우울감), peertoba(또래친구들의 흡연행위)를 독립변수로 설정하여 로지스틱 회귀분석을 실행한 결과는 다음과 같다.

```
. logit tobacuse pareatta depress peertoba

Iteration 0:   log likelihood = -528.78282
Iteration 1:   log likelihood = -527.44176
Iteration 2:   log likelihood = -483.14689
Iteration 3:   log likelihood = -458.01982
Iteration 4:   log likelihood = -457.86082
Iteration 5:   log likelihood = -457.86073
Iteration 6:   log likelihood = -457.86073

Logistic regression                               Number of obs   =       2277
                                                  LR chi2(3)      =     141.84
                                                  Prob > chi2     =     0.0000
Log likelihood = -457.86073                       Pseudo R2       =     0.1341
```

tobacuse	Coef.	Std. Err.	z	P>|z|	[95% Conf.	Interval]
pareatta	.2027144	.1596658	1.27	0.204	-.1102248	.5156536
depress	-.4327141	.1508955	-2.87	0.004	-.7284639	-.1369644
peertoba	.1997169	.0197345	10.12	0.000	.1610381	.2383957
_cons	-2.215674	.5880026	-3.77	0.000	-3.368138	-1.06321

분석결과의 해석

Step 1: 모델의 평가

위 표는 각 독립변수들의 회귀계수(coef)을 포함하고, 상수(cons)와 부모애착, 우울감, 친구흡연으로부터 자신의 흡연행위에 대한 로지스틱 회귀모형의 통계량을 나타내고 있다. 산출된 로지스틱 회귀모형식은 다음과 같다.

$$\text{logit tobacuse} = -2.2157 + .2027(\text{부모애착}) - .4327(\text{우울감}) + .1997(\text{친구흡연})$$

위 모형의 적합도를 나타내는 카이제곱 통계값은 141.84, 유의확률은 .000으로 "모든 독립변수의 회귀계수가 0이다"라는 영가설을 기각한다. 따라서 95%의 신뢰수준에서 위 모델은 통계적으로 유의미하다는 것을 알 수 있다.

Pseudo R^2는 OLS의 R^2와는 다른 의미를 가진다. OLS에서 R^2는 전체 분산 중에서 회귀모델에 투입된 독립변수들에 의해 설명되는 분산의 비를 나타내지만 로지스틱 회귀모델은 선형이 아닌 비선형모형이기 때문에 간단하게 해석할 수 있는 값이 아니다.

로지스틱 회귀분석에서 구체적인 모형의 적합도를 파악하기 위해서는 fitstat라는 명령어를 사용할 필요가 있다. 위의 logit 명령어를 실행한 다음 fitstat 명령어를 사용하고 실행한 결과는 다음과 같다.

```
. fitstat

Measures of Fit for logit of tobacuse

Log-Lik Intercept Only:      -528.783   Log-Lik Full Model:          -457.861
D(2273):                      915.721   LR(3):                        141.844
                                        Prob > LR:                      0.000
McFadden's R2:                  0.134   McFadden's Adj R2:              0.127
Maximum Likelihood R2:          0.060   Cragg & Uhler's R2:             0.163
McKelvey and Zavoina's R2:      0.139   Efron's R2:                     0.090
Variance of y*:                 3.822   Variance of error:              3.290
Count R2:                       0.938   Adj Count R2:                   0.000
AIC:                            0.406   AIC*n:                        923.721
BIC:                       -16655.964   BIC':                        -118.652
```

OLS 회귀분석에서는 최소자승법을 통하여 잔차를 최소화하는 값을 찾지만, 로지스틱 회귀분석에서는 최대우도추정법(ML=maximum likelihood)을 통하여 사건이 일어날 가능성(likelihood)을 최대화하는 값을 찾는다. 따라서 log-likelihood 값이 크면 클수록 좋고 AIC와 BIC의 값은 작으면 작을수록 좋다. 이것은 추정되는 모수(독립변수의 수)와 표본의 수가 증가함에 따라 커지는 경향이 있어 AIC와 BIC는 이를 보정한 방법으로 작은 값을 가질수록 너 좋은 모형적합노를 나타내는 것이다. AIC와 BIC의 산출식은 다음과 같다.

- AIC$=-2$X ln(likelihood)$+2$Xk
- BIC$=-2$X ln(likelihood)$+$ln(N)Xk

(위 식에서 ln(likelihood)는 log likelihood를 나타내며, k는 추정되는 모수의 수를, N은 표본의 수를 나타냄)

위 로지스틱회귀분석의 log-likelihood는 −457.861이고, 전체 카이제곱값은 (위 산출식에 나와 있는 것과 같이) 141.844이다. AIC는 0.406이고 BIC는 −16655.964이다.

Step 2: 독립변수의 평가

청소년 자신의 흡연행위에 영향을 미치는 로지스틱 회귀방정식은 다음과 같다.

logit tobacuse=−2.2157+.2027(부모애착)−.4327(우울감)+.1997(친구흡연)

로지스틱 회귀모형은 선형모형이 아니기 때문에 해석하는 방식 또한 OLS 회귀방정식과는 사뭇 다르다. 만약 위 모형이 OLS 모형이라면 다른 변수들을 고정시켰을 때 부모애착이 한 단위 증가하면 청소년 자신의 흡연행위 가능성은 0.2027배만큼 증가한다고 해석할 수 있지만 로지스틱 회귀방정식은 OLS 모형처럼 해석할 수 없다.

OLS와 유사한 해석을 위해서는 Exp(B) 계수가 필요하다. 즉, OLS처럼 비선형 회귀분석 모형 간의 회귀계수를 비교하는 방법으로 표준화 회귀계수를 산출할 수 있는데 그 명령어는 listcoef이다. 표준화회귀계수는 도출하는 방법으로 logit 명령어를 실행한 다음 listcoef, help 명령어를 입력하면 된다. 그 결과는 다음과 같다.

```
. listcoef, help

logit (N=2277): Factor Change in Odds

  Odds of: ÀÖ´Ù vs 0

------------------------------------------------------------------
tobacuse |       b         z     P>|z|     e^b    e^bStdX      SDofX
---------+--------------------------------------------------------
pareatta |   0.20271    1.270    0.204   1.2247    1.1274     0.5914
 depress |  -0.43271   -2.868    0.004   0.6487    0.7663     0.6151
peertoba |   0.19972   10.120    0.000   1.2211    1.9506     3.3455
------------------------------------------------------------------

       b = raw coefficient
       z = z-score for test of b=0
   P>|z| = p-value for z-test
     e^b = exp(b) = factor change in odds for unit increase in X
 e^bStdX = exp(b*SD of X) = change in odds for SD increase in X
   SDofX = standard deviation of X
```

위 로지스틱 회귀분석에서 회귀계수(B)는 다른 독립변수들의 값을 고정시켰을 때 독립변수의 값이 한 단위 증가하면 청소년 자신이 흡연행위를 할 odds가 하지 않을 odds보다 e^B만큼 증가함을 의미한다. 따라서 다른 독립변수들의 값이 동일하다고 할 때 각 독립변수에서 한 단위 증가할 때 청소년 자신이 담배를 피울 odds는 피우지 않을 odds보다 부모애착에서는 $e^{.2027}=1.2247$배 증가하고, 우울감에서는 $e^{-.4327}=0.6487$배 감소하고, 친구흡연에서는 $e^{.1997}=1.2211$배 증가한다고 예측할 수 있다.

결론적으로 위 로지스틱 회귀분석에서 청소년 자신이 담배를 피울 odds는 다른 독립변수들의 값을 고정시켰을 때 부모애착의 한 단위 증가로 청소년 자신이 담배를 피울 odds는 1.2247배 증가하지만 이 결과는 $p<.05$ 수준에서 통계적으로 유의미하지 않다. 또한 우울감의 한 단위 증가로 청소년 자신이 담배를 피울 odds는 0.6487배 증가하며 이 결과는 $p<.01$ 수준에서 통계적으로 유의미하다.[2] 마지막으로 친구흡연의 한 단위 증가로 청소년 자신이 담배를 피울 odds는 1.2211배 증가하며 이 결과는 $p<.001$ 수준에서 통계적으로 유의미하다(stata 12버전에서는 지원하지 않는 명령어).

로지스틱 회귀분석에서 odds의 해석은 비율, 또는 가능성(probability)으로 해석할 수 없다. 왜냐하면 odds는 어떤 사건이 일어날 기대치와 관찰치의 확률이기 때문이다. 그러므로 위의 청소년 흡연행위에 대한 로지스틱 회귀분석에서처럼 각각의 회귀계수를 OLS 회귀분석처럼 독립변수가 한 단위 증가할 때 종속변수가 몇 배 증가할 가능성으로 해석하지 않고 odds로 해석했다. 즉, 가능성(probability)과 로짓(logit) 간에는 비선형적인 관계가 있기 때문에 비선형회귀계수를 OLS 회귀계수의 결과처럼 해석할 수 없으며, 비선형 회귀분석에서는 전형적인 또는 가설적인 사례에 대한 예측(기대)값을 통해 실질적인 의미를 파악할 수 있나.

지금까지 로지스틱 회귀분석에서 회귀계수는 일반적으로 승산비(odds ratios)를 통계의 결과로서 제시하는 데 그쳤다. 일반회귀방정식의 회귀계수 해석에 익숙한 연구자들은 승산비(odds ratios)의 해석에 익숙하지 않아 로직스틱 회귀분석의 회귀계수 해석에 신중을 기해야 했다. 최근 이를 극복하기 위해 한계효과(marginal effect) 분석방법이 새롭게 도입되었다. 즉, 한계효과(marginal effect) 분석에 나타난 회귀계수는 일반선형회귀방정식의 회귀계수처럼 다른 독립변수를 통제한 상태에서 독립변수가 한 단위 증가하면 종속변수가 한 단위 증가할 확률 또는 가능성으로 해석할 수 있다. 따라서 최근 로지스틱 회귀분석에서는 승산비를 보고하지 않고 한계효과(marginal effect)라는 명령어를 사용한 회귀계수를 보고하는 경향으로 변화하고 있다.

2 회귀분석에서와 마찬가지로 우울감 변수가 역코딩됐기 때문에 실제로는 우울감이 증가하면 흡연행위가 증가하는 것으로 해석해야 한다.

한계효과분석

한계효과(marginal effect)는 partial effect라고 부르며 비선형모형에서 변수의 효과를 좀 더 직관적으로 표현할 수 있는 매우 유용한 방법 중 하나로서, 독립변수의 한 단위 증가에 따른 종속변수의 조건부 평균(conditional mean)에 대한 효과를 측정하는 것이다. 따라서 한계효과는 OLS 회귀분석에서 회귀계수와 같은 의미를 가지므로 해석 또한 독립변수의 한 단위증가로 종속변수가 얼마만큼 증가(감소)할 확률, 또는 가능성으로 해석할 수 있게 되었다.

(1) 메뉴바를 이용한 한계효과분석

Statistics > Postestimation > Marginal effects

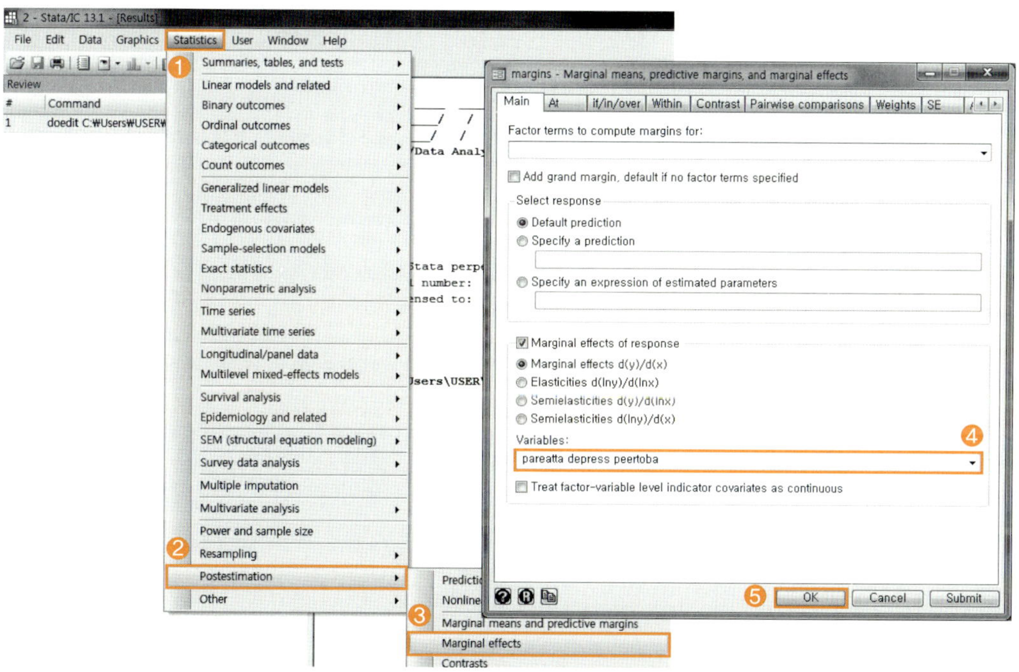

❶ 메뉴 중 Statistics를 클릭한다.
❷ 하단에 창이 열리면 Postestimation을 클릭한다.
❸ 우측에 창이 열리면 Marginal effects를 클릭한다.
❹ 새로운 창이 열리면 Marginal effects를 보고 변수를 입력한다.
❺ OK를 클릭한다.

(2) **명령어를 이용한 한계효과분석**

margins, dydx(varlist)
① ② ③

로지스틱 회귀분석에서 한계효과(marginal effect)를 실행하기 위해서는 margins, dydx(*) 명령어를 사용한다. marginal effect를 도출하는 방법으로 logit 명령어를 실행한 다음 ① margins, ② dydx 명령어를 입력하면 된다. ③ marginal effects를 확인할 변수들로 연구자가 확인을 원하는 변수를 입력하면 된다. 그 결과는 다음과 같다.

```
. margins, dydx( pareatta depress peertoba)

Average marginal effects                        Number of obs   =       2277
Model VCE     : OIM

Expression    : Pr(tobacuse), predict()
dy/dx w.r.t.  : pareatta depress peertoba
```

	dy/dx	Delta-method Std. Err.	z	P>|z|	[95% Conf.	Interval]
pareatta	.010145	.0080174	1.27	0.206	-.0055688	.0258587
depress	-.0216555	.0076672	-2.82	0.005	-.0366829	-.0066281
peertoba	.009995	.0010606	9.42	0.000	.0079162	.0120738

위의 산출표에서 나온 회귀식을 OLS 회귀분석의 회귀식처럼 표현하면 다음과 같다.

(청소년 흡연행위 여부)=.0101(부모애착)−.0216(우울감)+.0099(친구흡연)

따라서 위의 회귀식을 OLS 회귀분석의 회귀계수와 같은 방식으로 해석할 수 있다. 즉 다른 독립변수들을 통제한 상태에서 부모애착이 한 단위 증가할 때 청소년 자신이 흡연할 확률은 1.01%만큼 증가하지만 위 결과는 $p<.05$ 수준에서 통계적으로 유의미하지 않다. 우울감이 한 단위 증가할 때 청소년 자신이 담배를 피울 가능성은 2.16%만큼 증가하며 이 결과는 $p<.01$ 수준에서 통계적으로 유의미하다. 마지막으로 친구흡연이 한 단위 증가할 때 청소년 자신이 흡연할 확률은 0.99%만큼 높아지며 $p<.001$ 수준에서 통계적으로 유의미하다.

CHAPTER 07

논문 작성 예

CHAPTER

07 논문 작성 예

1절 서 론

본서에서 사용한 아동 · 청소년패널자료를 이용해서 논문을 쓴다고 가정한 후 stata 프로그램을 이용한 논문의 실제 작성 사례를 살펴보고자 한다. 논문작성에 사용된 자료는 아동 · 청소년패널 자료이며 이 자료는 한국청소년정책연구원에서 조사한 2009~2010년 한국아동청소년패널조사(KCYPS) 중1의 1~2차년도 데이터를 2차 자료로 사용하였다.

연구주제를 정하기 위해서는 아동 · 청소년패널자료를 주의깊게 살펴봐야 한다. 아동청소년패널자료 수집에 사용된 설문지를 우선적으로 검토한 후 어떤 주제를 선정할 것인지를 결정해야 한다. 아동 · 청소년패널자료는 각 연구자의 연구목적에 맞게 구성된 자료가 아닌 2차자료이기 때문에 설문지 검토 후 연구모델을 결정하는 데 많은 노력을 기울여야 한다.

저자들은 청소년비행의 원인에 대한 사회학습, 사회유대, 일반이론적 접근[1]을 연

1 본 연구는 2013년 한국청소년연구(제24권 제3호)에 실린 논문을 수정한 것임. 2013년 논문에서 종속변수로 사용된 청소년비행은 13가지 비행을 합친 것을 사용했지만, 본서에 사용된 청소년비행은 9가지 비행을 합친 것을 사용했다. 즉 2013년도 논문에 사용된 13가지 변수 중에서 지위비행에 속하는 음주행위와 흡연행위, 무단결석, 가출변수는 본서의 연구에서는 제외시키고 일반적으로 중비행에 속하는 9가지 비행을 종속변수인 "청소년비행"으로 사용하였다.

구주제로 삼았으며, 구체적인 내용은 다음과 같다(독자들의 이해를 돕기 위해 여러 가지 연구결과표의 근거가 되는 stat 명령어와 output 파일을 본 논문에 탑재하였다).

아동 · 청소년패널에 사용된 설문지 검토 후 현재 범죄학계와 형사사법학회에서 자주 검증되는 에이커스(Akers)의 사회학습이론, 허쉬(Hirschi)의 사회유대이론, 애그뉴(Agnew)의 일반긴장이론을 사용하여 청소년비행을 설명하고자 한다.

본 연구에서는 이 세 가지 각기 다른 입장을 가진 비행이론을 한국 청소년들에게 적용해 봄으로써 어떤 이론이 청소년비행을 잘 설명하는지 살펴볼 것이다. 사회유대이론과 사회학습이론은 1980년대부터 서구사회에서 상당히 많은 경험적 검증과정을 거쳐 이론의 타당성을 입증했으며 일반긴장이론은 1990년대 후반부터 활발하게 검증된 이론이다. 그러나 우리나라에서는 사회유대이론과 학습이론은 2000년대 이후부터 검증되기 시작했으며 일반긴장이론은 최근 몇 년간 간헐적으로 검증되고 있다.

우리 사회에서는 위 세 가지 이론을 각각 사용하거나 세 가지 중 두 가지(특히 사회유대이론과 사회학습이론)를 비교 검증한 연구들은 제법 존재하지만 위 세 가지를 한꺼번에 검증한 연구는 존재하지 않았다(전영실, 2007; 황성현, 2010 · 2012). 따라서 본 연구에서는 아동 · 청소년패널에 나타난 청소년비행의 원인을 사회유대, 사회학습, 일반긴장이론적 측면에서 고찰할 것이며, 세 가지 이론 중에서 어떤 이론이 한국청소년비행의 원인을 경험적으로 가장 잘 설명하는지를 살펴볼 것이다.

첫째, 사회유대이론에 근거한 연구가설은 다음과 같다.

가설 1 : 청소년들이 부모나 교사와의 애착이 약하면 약할수록(애착), 관습적 활동인 학교성적이 나쁘면 나쁠수록(관여), 과외활동이나 가족과의 여가활동 등이 적으면 적을수록(참여), 통상적인 사회적 가치와 규범을 잘 따르지 않을수록(신념) 청소년 자신이 비행을 저지를 가능성이 높아진다.

둘째, 사회학습이론에 바탕을 둔 연구가설은 다음과 같다.

가설 2 : 청소년들이 비행에 대한 긍정적 정의가 강하면 강할수록, 비행을 저지르는 친한 친구와의 차별적 접촉이 많으면 많을수록 청소년 자신이 비행을 저지를 가능성이 높아진다.

셋째, 일반긴장이론에서 추출된 연구가설은 다음과 같다.

가설 3 : 청소년들이 대학입학과 같은 자신의 장래목표가 달성되지 못했다고(못할 것이라고) 인지할수록, 가족과 친구의 죽음 또는 부모의 이혼 같은 긍정적 자극이 소멸될수록, 부모로부터의 학대나 친구들의 괴롭힘, 또는 교사들로부터의 스트레스 등과 같은 부정적 자극이 발생될수록 청소년 자신이 비행을 저지를 가능성이 높아진다.

2 절 연구방법

1 변수측정

종속변수

본 연구의 종속변수는 청소년 일반비행이다. 청소년비행에는 4가지 지위비행과 9가지 일반비행으로 구분할 수 있는데 본 연구에서는 지위비행을 제외한 일반비행 9가지를 합쳐서 '청소년비행'이란 1개의 변수를 종속변수로 사용하였다. 청소년비행에서 지위비행을 제외한 이유는 비행의 강도가 경미하기 때문이다. 일반적으로 지위비행에 속하는 비행은 주로 음주, 흡연행위, 무단결석, 가출 등인데 이런 유형의 비행은 주로 피해자가 없거나, 있다 하더라도 그 피해의 정도가 약하기 때문에 중비행에 속하는 성폭력, 패싸움 등과 동일하게 취급하는 것은 논리상 문제가 있어 본 연구에서는 경비행에 속하는 지위비행을 제외했다. 일반비행은 조롱하기, 집단따돌림, 패싸움, 심한 구타, (돈, 물건) 삥뜯기, (돈, 물건) 훔치기, 성관계, 성폭력이나 성희롱 경험에 관한 9가지 질문으로 구성되어 있다. 각각의 문항은 지난 1년간 각 비행을 한 경험이 있는가라는 질문에 ① 있다, ② 없다는 응답지를 사용되었다. 이 연구에 사용된 청소년비행은 위의 총 9가지 비행(이분형 변수)을 합쳐서 최솟값은 0이고 최댓값은 9의 값을 갖는다.

독립변수

이 연구의 독립변수는 사회유대이론, 일반긴장이론, 사회학습이론에서 추출된 변수들이다. 사회유대이론에서 추출된 변수로는 참여(2문항), 관여(10문항), 친구애착(5문항), 부모감독(3문항), 부모애착(4문항), 교사애착(5문항), 신념(4문항) 등이다. 친구애착 5문항과 부모감독 3문항은 2010년 2차년도 설문지에는 없는 문항이므로 2009년 1차년도 설문지에서 추출하여 사용하였다. 참여변수는 '지난 일 년 동안 가족과 함께 또는 단체를 통해 한 1박 이상의 여행은 몇 회나 됩니까?'와 '지난 일 년 동안 문화 활동을 몇 회나 했습니까?'로 측정되었다. 관여변수는 10과목에 대해 '지난 1학기 동안 다른 친구들에 비해 공부를 얼마나 잘했다고 생각하십니까?'로 측정되었다. 10가지 관여 변수의 신뢰도분석을 실행해야 할 필요성이 있다. Stata에서 독립변수들의 신뢰도분석을 실행하기 위해서는 alpha 명령어를 사용한다. alpha 다음에 신뢰도분석을 할 독립변수들을 입력한 후, item 을 입력하면 된다. 10가지 관여변수에 대한 신뢰도분석의 명령어와 분석결과는 다음과 같다.

명령어: "alpha qa1601s01w2 qa1601s02w2 qa1601s03w2 qa1601s04w2 qa1601s05w2 qa1601s06w2 qa1601s07w2 qa1601s08w2 qa1601s09w2 qa1601s10w2, item"

```
. alpha  qa1601s01w2 qa1601s02w2 qa1601s03w2 qa1601s04w2
qa1601s05w2 qa1601s06w2 qa1601s07w2 qa1601s08w2 qa1601s09w2 qa1601s10w2, item
Test scale = mean(unstandardized items)
```

Item	Obs	Sign	item-test correlation	item-rest correlation	average interitem covariance	alpha
qa1601s01w2	2277	+	0.7665	0.7071	.6301601	0.8934
qa1601s02w2	2277	+	0.6668	0.5702	.6339826	0.9021
qa1601s03w2	2276	+	0.7000	0.6101	.6240499	0.8993
qa1601s04w2	2274	+	0.7734	0.7048	.6094921	0.8929
qa1601s05w2	2274	+	0.7583	0.6838	.6097154	0.8942
qa1601s06w2	2212	+	0.7493	0.6817	.6244266	0.8945
qa1601s07w2	2254	+	0.7656	0.7022	.6222104	0.8933
qa1601s08w2	2082	+	0.7542	0.6849	.617372	0.8942
qa1601s09w2	2124	+	0.7649	0.6986	.6161651	0.8935
qa1601s10w2	2218	+	0.6784	0.5901	.6348342	0.9002
Test scale					.62223	0.9052

10가지 관여변수의 신뢰도계수는 상당히 높은 편으로 나타났다(α=0.905). 일반적으로 변수들 간의 내적일관성을 유지하기 위해서는 크롬바흐 α계수가 0.7을 넘으면 되는데 위의 10가지 변수들 각각의 α계수는 0.8 이상을 나타내고 있으며 전체 신뢰도 계수는 0.905로 나타났다. 따라서 위 10가지 변수들을 합쳐서 한 개의 관여변수로 사용하는 데 무리가 없는 것으로 판단된다.

친구애착변수는 '내 친구들은 나와 이야기를 나눌 때 내 생각을 존중해 준다'부터 '나는 속마음을 털어놓고 싶을 때 친구들에게 말할 수 있다'로 구성되어 있다. 친구애착변수는 1차년도 데이터에서 차용하였으며 신뢰도분석을 위한 명령어와 결과는 다음과 같다.

명령어: "alpha q2101w1 q2102w1 q2103w1 q2104w1 q2105w1, item"

```
. alpha q2101w1 q2102w1 q2103w1 q2104w1 q2105w1, item

Test scale = mean(unstandardized items)

                                                                average
                              item-test     item-rest      interitem
Item         |  Obs  Sign   correlation   correlation     covariance      alpha
-------------+-----------------------------------------------------------------
q2101w1      | 2348    +       0.7617        0.6450        .325002       0.8248
q2102w1      | 2348    +       0.7850        0.6741       .3151156       0.8176
q2103w1      | 2348    +       0.8116        0.6674       .2763077       0.8190
q2104w1      | 2349    +       0.8306        0.7338       .2953394       0.8018
q2105w1      | 2349    +       0.7976        0.6352       .2782387       0.8316
-------------+-----------------------------------------------------------------
Test scale   |                                            .298001       0.8496
-------------------------------------------------------------------------------
```

5가지 친구애착 변수 또한 신뢰도계수가 상당히 높게 나타났으므로(α=0.849) 5가지 변수들 간의 내적 일관성이 있는 것으로 판단되어 이들을 합쳐서 하나의 친구애착변수로 사용하기로 한다. 이 이후의 독립변수들의 신뢰도분석의 결과는 크롬바흐 α계수만 제시하기로 한다. 각 독립변수들의 신뢰도 분석의 명령어와 분석결과는 생략한다.

부모감독변수는 '부모님께서는 내가 방과 후에 어디에 가는지 알고 계신다'부터 부모님께서는 내가 외출할 경우 언제 들어올지 알고 계신다'로 측정되었다(α=0.759). 부모애착변수는 '부모님께서는 다른 일보다 나를 더 중요하게 생각하신다'부터 '부모님께서는 내가 많이 아프면 적절한 치료를 받게 하신다'를 사용하였다(α=0.771). 교사애착변수는 '선생님을 만나면 반갑게 인사한다'부터 '내년에도 지금 선생님께서 담임선생님을 해 주셨으면 좋겠다'로 측정되었다(α=0.835). 신념변수는 '주변에 어려움에 처해 있는 친구가 있다면 적극적으로 도울 수 있다'부터 '지구를 보호하기 위해 물자절약, 쓰레기 분리수거, 재활용 등에 적극적으로 참여할 수 있다'를 사용하였다(α=0.774).

일반긴장이론에서 추출된 독립변수로는 목표달성의 실패(1문항), 긍정적 자극의 소멸(1문항), 부정적 자극의 발생(33문항)이다. 목표달성의 실패는 가정형편으로 측정되었다. 가정형편, 즉 경제적 수준은 청소년들이 가지는 여러 가지 목표 중에서 가장 현실적인 목표일 가능성이 높다. 즉 각 가정의 경제적 수준이 높을수록 청소년들이 설정한 인생의 목표를 잘 달성할 수 있도록 해 주는 중요한 바탕이 된다(문병욱 · 신동준, 2008). 청소년들이 인생의 목표를 잘 설정했다 하더라도 각 가정의 형편이 여의치 않으면 그들의 목표를 잘 달성해 줄 수 없을 가능성이 높다. 가정형편변수는 '이 학생이 속한 가구의 지난 일 년 동안 가구소득은 대략 어느 정도입니까'라는 질문으로 응답자의 부모설문지에서 추출하였다. 긍정적 자극의 소멸은 가족구성 형태로 측정되었다. 애그뉴는 긍정적 자극의 소멸의 구체적인 예로 실연, 친구나 가족의 죽음, 부모의 이혼 등을 제시했는데, 본 연구에서는 부모의 이혼이나 가족의 해체 등의 결과로 나타나는 '가족구성형태' 변수를 사용하였다(황성현, 2012). 가족구성형태는 '현재 함께 살고 있는 가족은 어떻게 됩니까?'라는 질문에서 (부모+자녀)와 (한 조부모+부모+자녀)=1, 그 외 가족(조손가족, 한 부모가족, 기타)=0으로 더미(dummy)변수화하였다. 부정적 자극의 발생 변수로 충동성(6문항), 불안감(8문항), 우울감(10문항), 친구긴장(6문항), 부모긴장(4문항) 등 총5개의 변수를 사용하였다. 충동성변수는 '작은 일에도 트집을 잡을 때가 있다'부터 '아무 이유 없이 울 때가 있다'로 구성되어 있다(α=0.810). 불안감변수는 '깊이 잠들지 못하고 자다가 잠에서 깨곤 한다'부터 '자주 열이 나는 것처럼 느껴진다'로 측정되었다(α=0.862). 우울감변수는 '기운이 별로 없다'부터 '모든 일이 힘들다'를 사용하였다(α=0.904). 친구긴장변수는 비행피해경험 유무로 측정되었는데, '학생은 지난 일 년 동안 다른 청소년들로부터 아래와 같은 피해(조롱당하기, 왕따당하기, 폭행당하기, 협박당하기, 삥뜯기기, 성폭행이나 성희롱당하기)를 당한 적이 있습니까?'라는 질문을 사용하였다(α=0.549). 부모긴장변수는 '내가 무언가 잘못했을 때 부모님께서는 정도 이상으로 심하게 혼내신다'부터 '부모님께서는 나에게 심한 말이나 욕을 하신 적이 많다'로 구성되어 있다(α=0.849).

사회학습이론에서 추출된 독립변수로는 정의(5항목)와 친구와의 차별접촉(9항목)을 사용하였다. 정의변수는 긍정적 정의로 '당번이나 1인 1역 등, 반에서 맡은 활동을 열심히 한다'부터 '휴지나 쓰레기를 버릴 때 꼭 휴지통에 버린다'를 사용하였다(α=0.790). 친구와의 차별접촉변수는 '학생은 친한 친구 중 지난 일 년 동안 아래와 같은 행동(9가지 비행행동)을 한 친구들이 있습니까?'로 측정되었다(α=0.521). 그 외 사회학습이론의 중요한 측정지표인 모방변수와 여러 개의 차별적 강화변수는 한국아동 · 청소년패널데이터에서 설문문항으로 존재하지 않으므로 사용할 수 없었다.

위의 독립변수들 중에서 신뢰도계수(α)가 0.7 이하로 나타난 변수는 친구긴장변수(α=0.549)와 친구와의 차별적 접촉변수(α=0.521)이다. 일반적으로 신뢰도계수가 0.7 이하로 나타난 변수는 변수들 간의 내적 일관성이 떨어지는 것으로 판단하여 각각의 알파계수 중 값이 낮은 변수를 제외시키는 것이 상례이다. 그러나 위 친구긴장변수와 친구와의 차별적 접촉변수는 비록 독립변수로 투입되었지만, 비행 행위의 결과로 나타나는 종속변수의 성격을 띠고 있으므로 그대로 사용하기로 한다. 즉, 친구긴장변수는 응답자의 피해경험(조롱당하기, 왕따당하기, 폭행, 협박당하기, 삥뜯기기, 성폭행이나 성희롱 피해경험)을 묻는 문항이므로 비록 변수들 간의 신뢰도계수가 낮다 하더라도 그중 어느 하나를 제외할 수 없는 필수적인 문항이다. 친구와의 차별적 접촉변수 또한 9가지 비행경험을 가진 친구들이 얼마나 많은지를 묻는 문항이므로 어느 하나 삭제할 수 없는 중요한 변수이므로 신뢰도계수가 낮아도 그 문항들을 합쳐서 사용하여야 한다. 각 독립변수들 간의 신뢰도계수가 낮을 때 어느 한 문항을 삭제할 것인지 아닌지에 대한 판단은 연구자의 몫이다. 위에서처럼 신뢰도계수가 낮아도 연구에 꼭 필요한 문항일 때는 그대로 사용해도 무방하다. 그러나 일반적으로 신뢰도계수가 낮으면 그 문항은 제외하고 사용할 것을 추천한다.

통제변수

이 연구에 사용된 통제변수는 성별변수이다. 성별은 여자=0, 남자=1로 더미(dummy)처리하여 연속변수화하였다.

2 분석방법

이 연구에서는 두 단계의 회귀분석 모델을 사용하였다. 첫 번째로 세 가지 비행이론에서 추출된 변수들을 각각의 회귀방정식에 회귀시켰다. 이 회귀방정식에서는 각각의 독립변수들이 청소년비행을 얼마만큼 설명할 수 있는지, 각각의 독립변수들의 베타계수가 종속변수에 95%의 신뢰수준 내에서 통계적으로 유의미한 결과를 나타내고 있는지를 파악했다. 두 번째로 성별을 통제한 상태에서 세 가지 유형의 독립변수들의 상대적인 영향력을 파악하기 위해 모든 독립변수들을 한 회귀방정식에 회귀시켰다. [표 7-3]은 모든 독립변수들이 한 회귀방정식 안에 다 포함되어 있기 때문에 각각의 독립변수들의 영향력이 상대적으로 얼마나 큰지를 알 수 있다. 특히 여러 가지 회귀방정식에서 제시된 결정계수(R^2)를 모든 독립변수들이 포함된 통합 회귀방정식의 결정계수(R^2)와 비교하여 얼마만큼 차이가 나는지를 살펴봄으로써 청소년비행에 영향을 미친 독립변수들의 상대적인 영향력을 파악할 수 있었다. [표 7-2]와 [표 7-3]의 회귀방정식에서 제시된 베타계수는 각각의 독립변수들의 상대적인 영향력을 파악하기 위해 표준화된 회귀계수(standardized coefficient)를 사용하였다.

3 절 연구결과

1 빈도분석 결과

청소년비행의 원인을 분석하기에 앞서 종속변수로 사용된 청소년비행의 비율은 [표 7-1]과 같다.

[표 7-1] 청소년비행 경험유무의 남녀별 비율

청소년비행	전체 (%) (경험 有)	여 자 (%)		남 자 (%)	
		경 험 無	경 험 有	경 험 無	경 험 有
조롱하기	6.2	97.1	2.9	90.5	9.5
집단따돌림	3.1	97.2	2.8	96.6	3.4
패싸움	0.7	99.6	0.4	99.0	1.0
심한 구타	3.1	99.0	1.0	94.9	5.1
협 박	1.0	99.6	0.4	98.4	1.6
(돈, 물건) 삥뜯기	1.5	99.0	1.0	97.9	2.1
(돈, 물건) 훔치기	0.7	99.4	0.6	99.3	0.7
성관계	0.1	99.9	0.1	99.9	0.1
성폭행, 성희롱	0.2	99.7	0.3	99.9	0.1

중2 청소년들이 9가지 각종 비행 경험이 있다고 응답한 비율은 0.1%에서 6.2% 정도로 나타났다. 비교적 비행의 강도가 심한 중비행으로 분류될 수 있는 패싸움, 심한 구타, 협박, 삥뜯기, 훔치기, 성관계, 성폭행 및 성희롱의 경험비율은 1%대로 심각한 수준은 아닌 것으로 드러났다. 그러나 최근 학교폭력의 주된 매체인 집단따돌림과 심한 구타의 비율은 각각 3.1%로 상당히 높은 것으로 드러났다. 특히 심한 구타의 경우, 여자 : 남자의 비율이 1.0% : 5.1%로 여자청소년에 비해 남자청소년의 구타경험비율은 약 5배 정도 높은 것으로 나타났다. 9가지 비행 중에서 남자청소년과 여자청소년이 가장 많이 저지르는 비행은 조롱하기로 드러났다(남자=9.5%, 여자=2.9%).

2 회귀분석 결과

[표 7-2]는 사회유대, 일반긴장, 사회학습이론의 변수들이 각각 어느 정도 청소년 비행에 영향을 미치는지를 파악하기 위해 세 가지 이론들을 따로 분리하여 회귀분석을 실시하였다.

사회유대이론의 회귀분석에서는 참여(involvem), 관여(commitme), 친구애착(peeratta), 부모감독(paresupe), 부모애착(pareatta), 교사애착(teacatta), 신념(belief) 등 총 7개의 독립변수가 종속변수인 일반비행(total_ju)에 회귀되었다. 일반긴장이론의 회귀분석에서는 목표달성의 실패(failgoal), 긍정적 자극의 소멸(removsti), 충동성(impulsiv), 불안감(anxiety), 우울감(depress), 친구긴장(peerstrai), 부모긴장(parestra) 등 총 7개의 독립변수가 분석에 사용되었다. 마지막으로 사회학습이론의 회귀분석에서는 친구와의 차별적 접촉(difasso), 정의(definiti) 변수가 회귀분석에 투입되었다.

[표 7-2]의 사회유대이론의 회귀분석 결과는 다음과 같다.

명령어: "reg total_ju involvem commitme peeratta paresupe pareatta teacatta belief, beta"

```
. . reg  total_ju involvem commitme peeratta paresupe  pareatta teacatta belief, beta

      Source |       SS       df       MS              Number of obs =    2274
-------------+------------------------------           F(  7,  2266) =    5.65
       Model |  13.3125716     7  1.90179594           Prob > F      =  0.0000
    Residual |  762.520762  2266  .336505191           R-squared     =  0.0172
-------------+------------------------------           Adj R-squared =  0.0141
       Total |  775.833333  2273  .341325708           Root MSE      =  .58009

------------------------------------------------------------------------------
    total_ju |      Coef.   Std. Err.      t    P>|t|                     Beta
-------------+----------------------------------------------------------------
    involvem |   .0085456   .0019338     4.42   0.000                 .0948535
    commitme |   .0508645   .0156431     3.25   0.001                 .0721627
    peeratta |   .0181003   .0217336     0.83   0.405                 .0183873
    paresupe |  -.0024308   .0201481    -0.12   0.904                 -.002713
    pareatta |  -.0091721   .0223238    -0.41   0.681                -.0092722
    teacatta |   .0084828     .02023     0.42   0.675                 .0095537
      belief |   .0629723   .0223149     2.82   0.005                 .0646161
       _cons |  -.2168613   .0773324    -2.80   0.005                        .
------------------------------------------------------------------------------
```

[표 7-2]의 일반긴장이론의 회귀분석 결과는 다음과 같다.

명령어: "reg total_ju failgoal removsti impulsiv anxiety depress peerstrai parestra, beta"

```
. reg  total_ju  failgoal removsti impulsiv anxiety depress peerstrai parestra, beta

      Source |       SS       df       MS              Number of obs =    2139
-------------+------------------------------           F(  7,  2131) =   25.08
       Model |  57.756106     7  8.25087229           Prob > F      =  0.0000
    Residual | 700.960117  2131  .328934827           R-squared     =  0.0761
-------------+------------------------------           Adj R-squared =  0.0731
       Total | 758.716223  2138  .354871947           Root MSE      =  .57353

------------------------------------------------------------------------------
    total_ju |      Coef.   Std. Err.      t    P>|t|                     Beta
-------------+----------------------------------------------------------------
    failgoal |   .0000156   5.18e-06     3.02   0.003                 .0651558
    removsti |   .0843898    .033491     2.52   0.012                 .0544916
    impulsiv |   -.146608   .0267101    -5.49   0.000                -.1414001
     anxiety |   .0020755   .0269502     0.08   0.939                  .002191
     depress |   .0578668   .0261517     2.21   0.027                  .059613
   peerstrai |   .2362359    .021996    10.74   0.000                 .2280936
    parestra |  -.0062475   .0284521    -0.22   0.826                 -.004628
       _cons |   .2935388   .1025082     2.86   0.004                        .
------------------------------------------------------------------------------
```

마지막으로 [표 7-2]의 사회학습이론의 회귀분석 결과는 다음과 같다.

명령어: "reg total_ju difasso definiti, beta"

```
. reg  total_ju difasso definiti, beta

      Source |       SS       df       MS              Number of obs =    2280
-------------+------------------------------           F(  2,  2277) =   71.15
       Model |  45.645603     2  22.8228015           Prob > F      =  0.0000
    Residual | 730.353958  2277  .320752727           R-squared     =  0.0588
-------------+------------------------------           Adj R-squared =  0.0580
       Total | 775.999561  2279  .340500027           Root MSE      =  .56635

------------------------------------------------------------------------------
    total_ju |      Coef.   Std. Err.      t    P>|t|                     Beta
-------------+----------------------------------------------------------------
     difasso |    .009642   .0009683     9.96   0.000                 .2031543
    definiti |   .1210013   .0211714     5.72   0.000                 .1166036
       _cons |  -.1203022   .0480815    -2.50   0.012                        .
------------------------------------------------------------------------------
```

각각의 회귀분석 결과, 사회유대이론은 청소년비행의 1.7%를 설명하고 있어 유대이론의 변수들은 청소년비행을 거의 설명하지 못하는 것으로 드러났다. 7가지 독립변수 중에서 참여>관여>신념 순으로 95% 이상의 신뢰수준 내에서 통계적으로 유의미한 관계를 지니고 있었다. 그 외의 다른 독립변수들은 청소년비행과 유의미한 관계가 없는 것으로 드러났다. 일반긴장이론은 청소년비행 변량의 7.6%를 설명하고 있으므로 사회유대이론의 설명력보다 약 3배 정도 높은 것으로 나타났다. 구체적으로 7가지 독립변수 중에서, 친구로부터 비행피해를 당할수록(친구긴장 : $p<.001$), 청소년 자신의 충동성향이 강하면 강할수록(충동성 : $p<.001$), 가계수입이 적을수록(목표달성의 실패 : $p<.01$), 부모와 같이 생활하지 않을수록(긍정적 자극의 소멸 : $p<.05$), 청소년비행을 더 많이 저지르는 것으로 나타났다. 청소년 자신의 불안감, 우울감, 부모로부터의 긴장감은 청소년비행과 유의미한 관계가 없는 것으로 드러났다. 마지막으로 사회학습이론은 청소년비행의 5.8%를 설명하고 있어 사회유대이론보다는 약 3배 정도 높은 것으로 나타났지만, 일반긴장이론보다는 약 1.5배 정도 낮은 것으로 나타났다. 비행친구와의 차별적 접촉이 많으면 많을수록($p<.001$), 긍정적 정의 관념이 적으면 적을수록($p<.001$) 청소년비행을 더 많이 저지르는 것으로 드러났다.

[표 7-2] 청소년비행에 대한 사회유대이론, 일반긴장이론, 사회학습이론의 회귀분석 결과

독립변수	청소년비행
사회유대이론	
참 여	.095***
관 여	.072**
친구애착	.018
부모감독	-.003
부모애착	-.009
교사애착	.010
신 념	.065**
결정계수(R^2)	.017
사 례 수(N)	2,274
일반긴장이론	
목표달성의 실패	.065**
긍정적 자극의 소멸	.055*
충동성	-.141***
불안감	.002
우울감	.060
친구긴장	.228***
부모긴장	-.005
결정계수(R^2)	.076
사 례 수(N)	2,139
사회학습이론	
친구와의 차별접촉	.203***
정 의	.117***
결정계수 (R^2)	.058
사 례 수(N)	2,280

*** $p<.001$, ** $p<.01$, * $p<.05$

결론적으로 3가지 이론에서 추출된 각각의 독립변수들이 단독으로 청소년 청소년 비행을 어느 정도 설명하는지를 파악한 다중회귀분석에서 일반긴장이론의 변수들의 설명력이 가장 높았으며, 그 다음으로 사회학습이론이고 사회유대이론의 변수들은 청소년비행을 거의 설명하지 못하는 것으로 나타났다.

여기서 주목할 사항은 회귀분석의 기본적 가정상 투입되는 독립변수의 수가 많으면 많을수록 설명력(결정계수)은 높아지는데, 일반긴장이론의 설명력이 가장 높지만 이는 회귀분석에 투입된 독립변수의 수가 학습이론보다 3배 이상 많기 때문일 것이다. 이는 각각의 독립변수들의 베타계수를 통해서도 알 수 있는데 학습이론의 2가지 독립변수들의 베타계수는 99.9% 신뢰수준 내에서 통계적으로 유의미한 것으로 드러났지만 일반긴장이론의 유의미한 독립변수는 4개뿐이다. 나머지 3가지 독립변수는 통계적으로 유의미하지 않은 것으로 드러났다. 따라서 본 연구의 결과를 통해 일반긴장이론이 사회학습이론보다 청소년비행의 원인을 더 잘 설명한다고 결론내릴 수 없다.

실제로 사회학습이론의 2가지 회귀계수는 일반긴장이론의 회귀계수보다 전반적으로 높게 나타남에 따라 사회학습이론에서 추출된 독립변수들의 설명력이 일반긴장이론의 변수들보다 높다고 할 수 있다. 단지 일반긴장이론의 결정계수(R^2)값이 사회학습이론보다 높기 때문에 전체 설명력은 좀 더 낮다고 할 수 있지만 이는 독립변수의 숫자가(7개) 사회학습 변수들(2개)보다 더 많이 투입됐기 때문이다.

[표 7-3]은 성별을 통제한 상태에서 세 가지 비행이론에서 추출된 독립변수들의 상대적인 영향력을 파악하기 위해 모든 독립변수들을 한 회귀방정식에 회귀시킨 결과표이다. Model 1은 모든 독립변수들이 한 회귀방정식에 투입한 것이며, Model 2는 사회유대이론이, Model 3은 일반긴장이론이, Model 4는 사회학습이론이 각각 통합회귀방정식에서 제외된 모델이다.

[표 7-3] 청소년비행에 대한 통합 회귀분석 결과

독립변수	Model 1 (통합모델)	Model 2 (유대이론 제외)	Model 3 (긴장이론 제외)	Model 4 (학습이론 제외)
통제변수				
성 별	.104***	.091***	.100***	.120***
사회유대이론				
참 여	.058**		.083***	.067**
관 여	.053*		.062**	.061**
친구애착	−.028		.004	−.030
부모감독	−.015		−.010	−.012
부모애착	−.027		−.020	−.019
교사애착	.006		−.021	.038
신 념	.024		.030	.043
일반긴장이론				
목표달성의 실패	.066**	.069**		.069**
긍정적 자극의 소멸	.051*	.049*		.052*
충동성	−.103***	−.103***		−.128***
불안감	−.011	−.005		−.009
우울감	.030	.039		.041
친구긴장	.202***	.207***		.216***
부모긴장	.016	−.004		.012
사회학습이론				
친구와의 차별접촉	.180***	.181***	.193***	
정 의	.076**	.090***	.104***	
결정계수 (R^2)	.137	.131	.078	.099
사 례 수 (N)	2,136	2,139	2,274	2,136

*** $p<.001$, ** $p<.01$, * $p<.05$

Model 1의 회귀분석 결과는 다음과 같다.

명령어: "reg total_ju sex involvem commitme peeratta paresupe pareatta teacatta belief failgoal removsti impulsiv anxiety depress peerstrai parestra difasso definiti, beta"

```
. reg  total_ju sex involvem commitme peeratta paresupe pareatta teacatta belief failgoal removsti

impulsiv anxiety depress peerstrai parestra difasso defi

> niti,  beta

      Source |       SS       df       MS              Number of obs =    2136
-------------+------------------------------           F( 17,  2118) =   19.76
       Model |  103.833452    17  6.10785009           Prob > F      =  0.0000
    Residual |  654.795294  2118  .309157362           R-squared     =  0.1369
-------------+------------------------------           Adj R-squared =  0.1299
       Total |  758.628745  2135  .355329623           Root MSE      =  .55602

------------------------------------------------------------------------------
    total_ju |      Coef.   Std. Err.      t    P>|t|                     Beta
-------------+----------------------------------------------------------------
         sex |   .1235127    .025772     4.79   0.000                 .1036168
    involvem |   .0052967   .0019352     2.74   0.006                 .0580111
    commitme |   .0381059   .0160265     2.38   0.018                 .0531472
    peeratta |  -.0280047   .0222856    -1.26   0.209                 -.027936
    paresupe |  -.0133486   .0202479    -0.66   0.510                -.0144817
    pareatta |  -.0270869   .0288122    -0.94   0.347                -.0265751
    teacatta |   .0055411   .0217615     0.25   0.799                 .0060903
      belief |   .0240729   .0227501     1.06   0.290                 .0242638
    failgoal |   .0000158   5.17e-06     3.06   0.002                 .0658956
    removsti |   .0790536   .0327188     2.42   0.016                 .0508858
    impulsiv |  -.1065709   .0266834    -3.99   0.000                 -.102698
     anxiety |  -.0101617   .0263391    -0.39   0.700                -.0107173
     depress |   .0294112     .02647     1.11   0.267                 .0302788
   peerstrai |    .208925    .021785     9.59   0.000                 .2017209
    parestra |   .0217027   .0367312     0.59   0.555                  .016063
     difasso |   .0086591   .0009825     8.81   0.000                 .1800878
    definiti |   .0814602    .026031     3.13   0.002                 .0762853
       _cons |  -.1021513   .1317771    -0.78   0.438                        .
------------------------------------------------------------------------------
```

Model 2의 회귀분석 결과는 다음과 같다.

명령어: "reg total_ju sex failgoal removsti impulsiv anxiety depress peerstrai parestra difasso definiti, beta"

```
. reg  total_ju sex failgoal removsti impulsiv anxiety depress peerstrai parestra difasso definiti, beta

      Source |       SS       df       MS              Number of obs =    2139
-------------+------------------------------           F( 10,  2128) =   31.93
       Model |  99.0032479    10  9.90032479           Prob > F      =  0.0000
    Residual |  659.712975  2128  .310015496           R-squared     =  0.1305
-------------+------------------------------           Adj R-squared =  0.1264
       Total |  758.716223  2138  .354871947           Root MSE      =  .55679

------------------------------------------------------------------------------
    total_ju |      Coef.   Std. Err.      t    P>|t|                     Beta
-------------+----------------------------------------------------------------
         sex |   .1089533   .0246602     4.42   0.000                 .0914611
    failgoal |   .0000166   5.04e-06     3.29   0.001                 .0690573
    removsti |   .0762819   .0325278     2.35   0.019                 .0492562
    impulsiv |  -.1066801    .026589    -4.01   0.000                -.1028905
     anxiety |  -.0054718   .0261847    -0.21   0.834                -.0057762
     depress |   .0382806   .0255501     1.50   0.134                 .0394357
   peerstrai |   .2146738   .0214513    10.01   0.000                 .2072747
    parestra |   -.005878   .0281062    -0.21   0.834                -.0043542
     difasso |   .0087129   .0009823     8.87   0.000                 .1811998
    definiti |   .0961458    .022471     4.28   0.000                 .0904907
       _cons |  -.0226095   .1136123    -0.20   0.842                        .
------------------------------------------------------------------------------
```

Model 3의 회귀분석 결과는 다음과 같다.

명령어: "reg total_ju sex involvem commitme peeratta paresupe pareatta teacatta belief difasso definiti, beta"

```
. reg total_ju sex involvem commitme peeratta paresupe pareatta teacatta belief difasso definiti, beta

      Source |       SS       df       MS              Number of obs =    2274
-------------+------------------------------           F( 10,  2263) =   19.26
       Model |  60.8380083    10  6.08380083           Prob > F      =  0.0000
    Residual |  714.995325  2263  .31595021            R-squared     =  0.0784
-------------+------------------------------           Adj R-squared =  0.0743
       Total |  775.833333  2273  .341325708           Root MSE      =  .56209

------------------------------------------------------------------------------
    total_ju |      Coef.   Std. Err.      t    P>|t|                     Beta
-------------+----------------------------------------------------------------
         sex |   .1172303   .0241817     4.85   0.000                 .1003452
    involvem |   .0074584   .0018791     3.97   0.000                 .0827857
    commitme |    .044047    .015338     2.87   0.004                 .0624906
    peeratta |   .0035807   .0213155     0.17   0.867                 .0036375
    paresupe |  -.0085394    .019566    -0.44   0.663                -.0095306
    pareatta |  -.0196851   .0216531    -0.91   0.363                -.0198999
    teacatta |  -.0188103   .0210907    -0.89   0.373                -.0211851
      belief |   .0288099   .0221158     1.30   0.193                  .029562
     difasso |   .0091732   .0009648     9.51   0.000                 .1932919
    definiti |   .1087369   .0248497     4.38   0.000                 .1042713
       _cons |  -.3083459   .0772368    -3.99   0.000                        .
------------------------------------------------------------------------------
```

Model 4의 회귀분석 결과는 다음과 같다.

명령어: "reg total_ju sex involvem commitme peeratta paresupe pareatta teacatta belief failgoal removsti impulsiv anxiety depress peerstrai parestra, beta"

```
. reg total_ju sex involvem commitme peeratta paresupe pareatta teacatta belief failgoal removsti
impulsiv anxiety depress peerstrai parestra, beta

      Source |       SS       df       MS              Number of obs =    2136
-------------+------------------------------           F( 15,  2120) =   15.62
       Model |  75.4865568    15  5.03243712           Prob > F      =  0.0000
    Residual |  683.142189  2120  .322236881           R-squared     =  0.0995
-------------+------------------------------           Adj R-squared =  0.0931
       Total |  758.628745  2135  .355329623           Root MSE      =  .56766

------------------------------------------------------------------------------
    total_ju |      Coef.   Std. Err.      t    P>|t|                     Beta
-------------+----------------------------------------------------------------
         sex |   .1427561   .0262031     5.45   0.000                 .1197604
    involvem |   .0062917   .0019722     3.19   0.001                 .0689087
    commitme |   .0435758   .0161694     2.69   0.007                 .0607761
    peeratta |   -.029985   .0227473    -1.32   0.188                -.0299114
    paresupe |  -.0107493   .0206441    -0.52   0.603                -.0116618
    pareatta |  -.0190366   .0294023    -0.65   0.517                -.0186769
    teacatta |   .0343578   .0208091     1.65   0.099                 .0377635
      belief |   .0426031   .0227638     1.87   0.061                  .042941
    failgoal |   .0000166   5.28e-06     3.15   0.002                 .0691539
    removsti |   .0815854   .0333716     2.44   0.015                 .0525155
    impulsiv |  -.1332542   .0267965    -4.97   0.000                -.1284116
     anxiety |  -.0087274   .0268892    -0.32   0.746                -.0092046
     depress |   .0399774   .0269839     1.48   0.139                 .0411568
   peerstrai |   .2236473    .022185    10.08   0.000                 .2159356
    parestra |   .0165725    .037475     0.44   0.658                  .012266
       _cons |   -.012603   .1319316    -0.10   0.924                        .
------------------------------------------------------------------------------
```

Model 1에서 모든 독립변수들은 청소년비행 변량의 13.7%를 설명하고 있으며, 사회유대이론이 제외된 모델 2는 13.1%, 일반긴장이론이 제외된 모델 3은 7.8%, 사회학습이론이 제외된 모델 4는 9.9%의 청소년비행을 각각 설명하고 있다. 사회유대이론이 통합모델에서 제외됐을 때의 설명력은 13.7%에서 13.1%로 약 0.6%의 설명력이 감소함에 따라 사회유대이론은 청소년비행에 거의 영향력을 미치지 못하는 것으로 나타났다. 그러나 사회학습이론이 제외됐을 때의 설명력은 13.7%에서 9.9%로 떨어졌으며 일반긴장이론이 제외됐을 때의 설명력은 약 1/2(13.7% → 7.8%)로 감소함으로써 가장 큰 감소폭을 나타냈다.

이 결과는 세 가지 이론 중에서 일반긴장이론의 변수들이 청소년비행을 가장 잘 설명하는 것으로 평가할 수 있다. 구체적으로 여자청소년보다는 남자청소년들이 청소년비행을 더 많이 저지르는 경향이 있다. 사회유대이론의 변수 중에서는 참여, 관여변수가 95% 이상의 신뢰수준 내에서 청소년비행을 통계적으로 유의미하게 설명하는 것으로 드러났다. 그러나 친구애착, 부모감독, 부모애착, 교사애착 변수는 청소년비행을 잘 설명하지 못하는 것으로 나타났다. 일반긴장이론 중에서는 목표달성의 실패, 긍정적 자극의 소멸, 충동성, 친구긴장 변수가 모든 회귀방정식에서 95% 이상의 신뢰수준 내에서 통계적으로 유의미한 관계가 있는 것으로 나타났다. 특히 충동성과 친구긴장변수는 청소년비행을 가장 잘 설명하는 것으로 나타남에 따라 청소년 자신의 충동성을 잘 억제하지 못하면 못할수록, 친구들로부터 비행피해경험이 많으면 많을수록 청소년비행을 더 많이 저지르는 것으로 드러났다. 사회학습이론 중에서는 친구와의 차별적 접촉과 정의변수가 모든 회귀방정식에서 99%의 신뢰수준 내에서 청소년비행과 유의미한 관계를 가지고 있었다. 즉, 친한 친구들이 청소년비행을 많이 저지르면 저지를수록, 긍정적 정의 관념이 적으면 적을수록 청소년 자신은 청소년비행을 더 많이 저지르는 것으로 드러났다.

통합회귀모델을 종합하면, 여자청소년보다는 남자청소년이, 학교활동 외의 참여율이 낮을수록(참여), 학교성적이 나쁠수록(관여), 가족의 연평균 수입이 적을수록(목표달성의 실패), 양쪽 부모와 살지 않을수록(긍정적 자극의 소멸), 매사에 충동성이 강할수록(충동성), 친구들로부터 비행피해경험이 많을수록(친구긴장), 친한 친구들이 비행을 많이 저지를수록(친구와의 차별접촉), 긍정적 사회적 정의 관념이 약할수록(정의) 청소년 자신이 비행을 저지를 가능성이 높은 것으로 드러났다.

특히 세 가지 이론에서 추출된 독립변수들 중에서 일반긴장변수와 사회학습변수들이 청소년비행을 가장 잘 설명하고 있었으며 그중에서 친구긴장변수와 친구와의 차별적 접촉변수가 청소년비행에 가장 강력한 영향력을 미쳤다.

결론적으로 본 연구에서 3가지 범죄이론을 검증한 연구가설 1(사회유대이론), 연구가설 2(사회학습이론), 연구가설 3(일반긴장이론)을 경험적으로 검증한 결과 연구가설 1은 지지하지 않은 것으로 드러났다. 즉, 사회유대이론 중에서 95%의 신뢰수준에서 통계적으로 유의미한 개념은 참여와 관여변수뿐이다. 특히 유대이론의 전체 설명력을 알 수 있는 결정계수(R^2)가 3가지 범죄이론 중에서 가장 낮았을 뿐만 아니라 나머지 두 이론과의 상대적인 영향력을 비교한 회귀분석 모델에서 사회유대이론이 통합모델에서 제외됐을 때의 설명력은 13.7%에서 13.1%로 약 0.6%밖에 떨어지지 않았다.

사회학습이론을 검증한 연구가설 2의 두 변수(정의와 차별적 접촉)은 95%의 신뢰수준 내에서 유의한 것으로 나타남에 따라 대체적으로 지지하는 것으로 나타났다. 마지막으로 일반긴장이론을 검증한 연구가설 3 또한 대체적으로 지지하는 것으로 나타났다. 즉, 95%의 신뢰수준 내에서 종속변수인 청소년비행에 통계적으로 유의미한 변수는 목표달성의 실패, 긍정적 자극의 소멸, 충동성, 친구긴장 등의 변수들이었을 뿐만 아니라 3가지 이론 중에서 절대적인 결정계수가 가장 높았기 때문이다.

4절 결 론

본 연구에서 청소년비행의 원인을 파악하기 위해 세 가지 비행이론을 적용한 결과 사회유대이론의 변수들은 청소년비행을 거의 설명하지 못했으며, 일반긴장이론의 일부 독립변수들과 사회학습이론의 2가지 독립변수 모두는 청소년비행을 잘 설명하는 것으로 나타났다. 특히 세 가지 이론에서 추출된 독립변수들 중에서 일반긴장이론의 친구긴장과 사회학습이론의 친구와의 차별적 접촉변수가 청소년비행을 가장 잘 설명하는 것으로 드러났다. 구체적으로 청소년비행에 영향을 미친 독립변수들을 파악하기 위한 다중회귀분석에서는 사회유대변수는 청소년비행의 변량을 1.7% 설명했으나 일반긴장이론은 7.6%, 사회학습이론은 5.8%를 설명했다. 세 가지 이론들 중에서 일반긴장이론의 설명력이 가장 높게 나왔지만 이는 회귀분석에 투입된 독립변수의 수가 학습이론보다 3배 이상 많기 때문으로 파악된다. 이는 각각의 독립변수들의 베타계수를 통해서도 알 수 있는데 학습이론의 2가지 독립변수들의 베타계수는 99.9% 신뢰수준 내에서 통계적으로 유의미한 것으로 드러났지만 일반긴장이론의 유의미한 독립변수는 4가지로 나타났다.

세 가지 독립변수들의 상대적인 영향력을 밝힌 4가지 회귀방정식에서 일반긴장변인들이 제외된 모델과 포함된 모델을 비교해 볼 때, 일반긴장변수들이 통합모델에서 제외됐을 때 회귀방정식의 결정계수가 가장 많이 떨어지는 것을 발견함으로써 일반긴장변수들이 청소년비행을 가장 잘 설명하는 것으로 나타났다. 사회유대변수 중에서는 참여, 관여, 친구애착변수가 청소년비행을 통계적으로 유의미하게 잘 설명하고 있었으며, 일반긴장이론 중에서는 목표달성의 실패, 긍정적 자극의 소멸, 충동성, 친구긴장변수가 청소년비행과 깊은 관련성이 있었다. 2가지 사회학습이론의 변수인 친구와의 차별적 접촉과 정의는 99%의 신뢰수준 내에서 청소년비행을 통계적으로 유의미하게 잘 설명하고 있었다. 결론적으로 세 가지 이론에서 추출된 독립변수들 중에서 일반긴장변수들과 사회학습변수들이 청소년비행을 가장 잘 설명하고 있으며, 그중에서 친구긴장과 친구와의 차별적 접촉변수가 청소년비행에 가장 강력한 영향력을 미친 것으로 나타났다.

이 연구가 지니는 중요한 의미에도 불구하고 한 가지 한계점을 지적할 수 있다. 이 연구는 청소년비행에 영향을 미칠 것으로 예상되는 비행이론 중에서 최근에 가장 많이 검증된 사회유대이론, 일반긴장이론, 사회학습이론을 한국청소년에 적용하여 그 각각의 요인들이 청소년비행을 얼마나 잘 설명하는지를 살펴보았다. 그러나 이 세 가지 요인 외 청소년비행에 결정적 영향을 미치는 요인은 상당히 많다. 그중에서 또래집단과 부모의 영향력 중 어느 쪽이 강한지를 밝히려는 시도는 오랜 기간 동안 서구사회와 한국사회에서 진행되어왔다. 본 연구에 나타난 여러 가지 회귀분석결과 부모감독, 부모애착, 부모긴장변수들은 청소년비행을 잘 설명하지 못하는 반면, 친구애착, 친구긴장, 친구와의 차별적 접촉변수는 대체적으로 청소년비행을 잘 설명하는 것으로 나타났지만 그 구체적인 인과관계를 파악하지는 못했다. 특히 청소년비행을 연구하는 상당수의 학자들은 부모-자식 간의 관계와 양육방식 등이 청소년비행에 상당한 영향력을 미친다고 주장한다.

따라서 차후연구에서는 이 연구에 사용된 패널데이터를 중심으로 또래집단과 부모의 영향력 중 어느 쪽이 더 강한지, 왜 그런 현상이 나타나는지에 대한 구체적인 인과관계를 밝혀주는 연구가 조속히 진행되기를 기대한다. 본 연구의 이런 한계점에도 불구하고 본 연구는 사회유대이론, 일반긴장이론, 사회학습이론의 변수들을 사용하여 청소년비행의 원인을 밝혔다는 점에서 학술적으로 중요한 의미를 지닌다. 사회유대이론, 일반긴장이론, 사회학습이론은 청소년비행의 원인을 잘 설명하는 이론으로 알려져 있지만, 이전까지는 그 이론들이 각각 따로 분리되어 검증되었거나 기껏해야 2가지 이론 정도가 비교 검증되는 수준에 거쳤다. 그러나 본 연구에서는 세 가지 이론을 통합적으로 검증함으로써 세 가지 이론의 상대적인 영향력을 파악할 수 있었다는 점에서 이 연구의 중요한 가치를 발견할 수 있었다.

Stata

APPENDIX 부록

참고문헌

〈국외문헌〉

Bachman, R., & Schutt, R. K. (2003). *The Practice of Research in Criminology and Criminal Justice*. Thousand Oaks, CA: Pine Forge Press.

Brown. T. A. (2006). *Confirmatory factor analysis for applied research*. New York: The Guilford Press.

Everitt. B. S., & Dunn, G. (2001). *Applied multivariate data analysis*. UK: John Wiley & Sons, Ltd.

Hagan. F. E. (2003). *Research methods in criminal justice and criminology*. Boston, MA: Pearson Education.

Hair, J. F., Black, B., Babin, B., Anderson, R. R., & Tatham, R. L. (2006). *Multivariate data analysis*. Saddle River, NJ: Pearson Prentice Hall.

Juul, S. (2009). 「의학 보건학 연구자를 위한 STATA 입문」. 황승식 외 공역, 서울: 국립암센터.

Kim, J., & Mueller. C. W. (1978) *Factor Analysis: Statistical methods and practical issues(Quantitative applications in the social science)*. CA: SAGE Publications, Inc.

Konishi, S. (2014). *Introduction to multivariate analysis: linear and nonlinear modeling*. Tokyo: CRC Press.

Kohler, U., & Kreuter, F. (2008). *Data Analysis Using Stata(S. E.)*. Stata Press.

Maxfield, M. G. (2009).「범죄학 연구방법론(5판)」. 김상원 외 공역, Cengage Learning.

Mertler, C. A., & Vannatta, R. A. (2002). *Advanced and multivariate statistical methods*. Los Angeles, CA: Pyrczak.

Michael, S., & Lewis-Beck (1980). *Applied Regression: An introduction(Quantitative applications in the social science)*. CA: SAGE Publications, Inc.

Pallant, J. (2013). SPSS survival manual: a step by step guide to data analysis using IBM SPSS. Open University Press.

Pevalin, D., & Robson, K. (2009). *The Stata Survival Manual*. NY: McGraw-hill education.

Peck, R., Ollsen, C., & Devore. J. (2009) *Introduction to statistics and data analysis*. CA: CENGAGE Learning.

Schroeder, L. D., Sjoquist, D. L., & Stephan, P. E. (1986). *Understanding regression analysis: An introductory guide(Quantitative applications in the social science)*. CA: SAGE Publications, Inc.

Verardi, V. (2009). Robust principal component analysis in Stata. *In United Kingdom Stata Users' Group Meetings 2009* (No. 02). Stata Users Group.

Yaffee, R. A. (2002). Getting started with Stata for MS Windows: a brief introduction. *Information Technology Services*, New York University.

〈국내문헌〉

강상진. (2007). 「회귀분석의 이해」. 서울: 교육과학사.

민인식. (2012). 「STATA 기초통계와 회귀분석」. 서울: 지필미디어.

(2012). 「STATA 기초적 이해와 활용」. 서울: 지필미디어.

정서호. (2013). 「사회과학통계(STATA를 활용한)」. 서울: 박영사.

조재호. (2011). 「경제데이터 분석」. 울산: 울산대학교출판부.

찾아보기

기타

[저자 약력]

이창한

동국대학교 경찰행정학과 학사 및 석사
동국대학교 경찰학박사
일본 게이오대학(慶應義塾) 대학원 법학연구과 객원연구원
미국 샘휴스턴대학(Sam Houston State University) 대학원 형사사법학과 박사과정 수학
제41회 행정고등고시 합격
경찰공무원채용시험 출제위원
7급 공무원 승진시험 출제위원
현 동국대학교 경찰행정학과 교수

이완희

미국 머레이주립대학(Murray State University) 언론학 학사
미국 테네시대학(The University of Tennessee at Martin) 법의학 수료
미국 샘휴스턴대학(Sam Houston State University) 범죄학 석사
미국 써던미시시피대학(The University of Southern Mississippi) 범죄학 박사
미국 테러리서치센터(The Institute for the Study of Violent Group/ISVG) 수석연구원
현 가천대학교 경찰 · 안보학과 교수

황성현

부산대학교 사회학과 학사 및 석사
미국 플로리다대학(University of Florida) 범죄사회학 박사
Center of Studies in Criminology and Law, University of Florida, 박사후 연구원
외무고시 및 행정고시 1차 시험(PSAT) 출제 및 검토위원
현 고려사이버대학교 청소년학과 교수

이강훈

동국대학교 경영학과 학사
동국대학교 경찰행정학과 경찰학 석사
동국대학교 경찰행정학과 경찰학 박사
동해지방해양안전심판원 비상임심판관
해양경찰교육원 교육발전 자문위원
현 강원도립대학 해양경찰과 교수

김상원

동국대학교 사회학과 학사 및 석사
미국 오클라호마대학교(University of Oklahoma) 사회학 박사
미국 하버드대학교(Harvard University) 박사후 연구원(Post-Doctoral Research Fellow)
외무고시 및 행정고시 1차 시험(PSAT) 출제위원
현 동의대학교 경찰행정학과 교수

STATA를 활용한 사회과학 자료분석

초판인쇄 2014년 8월 25일
초판발행 2014년 8월 30일

지은이 이칭헌 · 이완희 · 황성현 · 이강훈 · 김상원
펴낸이 박노일

총괄기획 김중용
편 집 심성보

펴낸곳 pnc publishing and culture 피앤씨미디어
경기도 고양시 일산동구 강송로 153 310-1501
등록 제396-2012-000203호
전 화 070)7550-3758 팩 스 02)718-8554
홈페이지 www.pncmedia.co.kr 이메일 pnc@pncmedia.co.kr
ISBN 979-11-5730-015-0 93310

정 가 22,000원